漢字日本

茂呂美耶——著

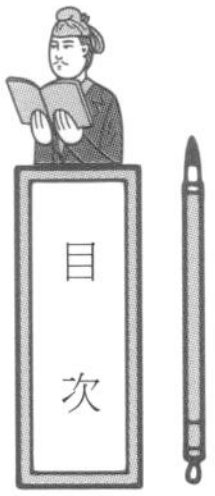
目次

稱呼用語篇

食衣住行篇

身體健康篇

教養學習篇

社會生活篇

番外篇

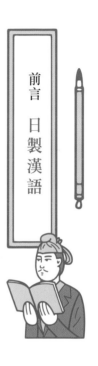

前言　日製漢語

如果我說，「經濟」、「社會」、「哲學」、「人權」、「解放」、「主義」、「知識」、「文化」等詞彙是日本人最早提出的，是不是會令許多以漢語為母語的人跌破眼鏡、摔倒在書桌前？

實在很抱歉，不過這是事實，所以請各位讀者先重新戴上眼鏡，不戴眼鏡的人也請您爬起，再度坐到書桌前聽我娓娓道來吧。

清末，尤其是鴉片戰爭以後，中國成為各列強的侵略對象，逐漸淪為半殖民地。一些憂國之士，如康有為、梁啟超、譚嗣同等人，主張中國應該仿效日本的明治維新，於是發起戊戌變法。

百日後，慈禧太后發動政變，幽禁光緒帝，捕殺譚嗣同等六人，通緝康有為、梁啟超，罷免維新派官員數十人，廢除光緒帝頒布的新政詔令。結果戊戌變法失敗，康有為、梁啟超等人逃亡日本。

梁啟超到了日本後，在橫濱創辦了報紙《清議報》與雜誌《新民叢報》，一方面繼續鼓吹維新運動，另一方面積極介紹日本的國情民風，並呼籲中國知識分子學習日語、勤讀日文書。

他在創辦的報紙與雜誌中頻繁使用了日製漢語。由於當時日本有眾多外文翻譯書，一些中國原本不存在的西洋思想主義詞彙，日本翻譯家早就創出日文名詞。因此梁啟超大量運用這些日製漢語，將新知識介紹回中國。

接著是留日熱潮。

一八九六年，第一批到日本的中國留學生僅有十三人，但在一九〇五年時，竟然驟增至八千人。據說，一八九六年至一九三七年中日戰爭爆發之前，總計有六萬一千多名留日中國學生陸續到日本學習新知識，其中正式自學校畢業的不及一萬二千人。

這些留日學生在習得日文後，馬上動手翻譯各種日文書，在中國刮起一股日文翻譯書旋風。

當時的翻譯書包括政治、經濟、哲學、宗教、法律、歷史、地理、產業、醫學、軍事、文學、藝術等。根據一九四五年的資料記載，那時代被翻成中文的日文書多達二千六百種。

當時的留日學生不但組成「翻譯組織」，創辦《譯書彙編》、《遊學譯編》雜誌，甚至組成「教科書譯輯社」團體，將日本所有中學生教科書全部翻成中文。除了翻譯日文書之外，留日學生寫的文章也都大量引用日製漢語。反正都是漢字，不需要重新翻成中文。

一九一九年「五四運動」以後，中國文壇出現許多留日派作家，主要人物有魯迅、郭沫若、郁達夫、田漢、夏衍。這些中國新文藝代表作家也都積極在自己的文章中使用日製漢語。例如中國大文豪，也是中國新文藝領導者——魯迅，就強烈主張舊有漢語不夠用，必須導入外來語。

魯迅所謂的「外來語」正是日製漢語。他的文章，中國味非常濃厚，但是仔細尋找，還是可以找到「萬年筆（鋼筆）、日傘（洋傘）、人力車、定刻（定時）、構想、直面（面臨）、車掌（乘務員）、殘念（遺憾）、夕方（傍晚）、丸（圓）、時計（時鐘）、名所（名勝）、寫真（照片）」等日文。

對於大量日製漢語湧入中國這事，有人贊成，有人反對。梁啟超是贊成派代表，另一位翻譯大師嚴復是反對派代表。梁啟超雖是贊成派代表，但有些詞，他起初也無法接受，例如「經濟」、「社會」這兩個詞。

嚴復主張中國古語中有「經世濟民」這個詞，可是「經世濟民」是整治世間、救濟人民的意思，應當相當於「政治」，而非「經濟」。

於是，梁啟超用「資生學」、「富國學」、「平準學」；嚴復用「計學」，各自取代了「經濟」。

其他例子有：物理學↓格致學、地質學↓地學、礦物學↓金石學、雜誌↓叢報、社會↓人群、論理學↓名學、原料↓天產之物、功利主義↓樂利主義……；前者是日製漢語，後者是當時的翻譯漢語。

這兩種詞彙曾經共存了一段日子，結果日製漢語取得最終勝利，梁啟超也就不得不使用「經濟」、「社會」、「哲學」等日製漢語。

另一點很有趣，為了翻譯日文書，當時的翻譯家「基於」日文文法，也不得不創出一些漢語新詞：基於、關於、對於、由於、認為、成為、視為……這些都是自日文文法翻譯成漢語的詞。

甚至連毛澤東那篇著名的《實踐論》裡，也有四分之一的詞句是日製漢語。其實前述這些由來，不要說是中國人了，日本人也少有人知道。我是因為時常使用中日、日中辭典，本就稍有涉獵，後來詳細蒐集這方面的資料，才知道現代漢語有關社會、人文、科學方面的術語中，大約有七成（上千左右）詞彙都是來自日文。所以先前跌破眼鏡的人請不用哀嘆，因為老實招來，我是第一個先跌破眼鏡並且摔得四腳朝天的人。

什麼？這沒什麼好驚奇的，不值得摔到椅子下？好，那麼再來一段：

共產黨、幹部、指導、社會主義、市場、福祉、營業中、人權、特權、背景、化石、環境、藝術、醫學、獨占、交流、否定、肯定、假設、解放、供給、說明、方法、共同、階級、公開、希望、法律、活動、命令、失蹤、投資、抗議、化妝品、銀行、空間、警察、景氣、經驗、經濟恐慌、現實、元素、建築、雜誌、國際、紫外線、酵素、時間、市長、失戀、宗教、集團、新聞記者、接吻、蛋白質、抽象、通貨收縮、通貨膨脹、電子、電報、電話、傳染病、投資、圖書館、悲劇、否定、否認、舞台、方程式、蜜月、本質、無產階級、領海、領空、領土、冷戰、論壇……

對不起，不寫了，上千詞彙，累呀。

總而言之，我非常佩服戰前的日本翻譯家，他們真是偉大。反觀現代的日本翻譯家，明明有舊有日製漢語可以替代的詞，卻硬要翻成音譯片假名，以炫耀自己的外語知識，使得一些上了年紀的日本人在報上讀者投稿專欄嘆道：「我越來越看不懂現代日文。」

所幸，九〇年代末，日本政府一聲令下，將行政機關內流通的公文或是政令文宣中一些雜七雜八的音譯詞，通通改為原本就已存在的日製漢語，以免國民看不懂。

老實說，無論簡體或繁體甚或是日本漢字，我倒希望全部能通用，不必計較到底是哪國人創造的。何況網路時代，資訊傳得很快，倘若漢字能通用，不是很省事嗎？

例如，日本的「萌」字流傳到臺灣、中國，大家一提起「萌」，不用多解釋便大抵能明白其意思，多麼方便呀。

又例如日文的「tsundere」，傳到臺灣被翻譯為漢字的「傲嬌」，之後又傳到日本，在日本大型網路論壇2ch曾掀起一陣讚嘆風潮。畢竟日本人也看得懂漢字，大致知道「傲」和「嬌」的意思，於是不少人紛紛說「不愧是漢字大國」、「這個詞翻譯得太好了」。

遺憾的是，現代日本媒體大多將外來語直接音譯，甚至到了濫用的程度。最近，我看別人家的部落格或網路新聞，經常碰到看到某個片假名詞彙，竟不知其意的例子，還得查網路字典，實在很麻煩。

最令人感嘆的是查出的結果往往有往昔的漢字詞彙可代替，真不知該說我已經老了，還是說現代的日本年輕人太不用功了？

這篇文章的主要參考資料取自上海外語大學陳生保教授所發表的論文（陳教授另有相關方面的日文著書），而此篇文章則於一九九九年十月三十一日發表在我以前的「日本文化物語」網站。

因網站早已改版，舊文章也已刪除，但這篇文章竟在網路傳來傳去。若有人在網路看過類似的文章，應該都是轉貼自我當時發表的此篇文章，而非我抄襲網路上的該篇文章。

日文漢字豆知識

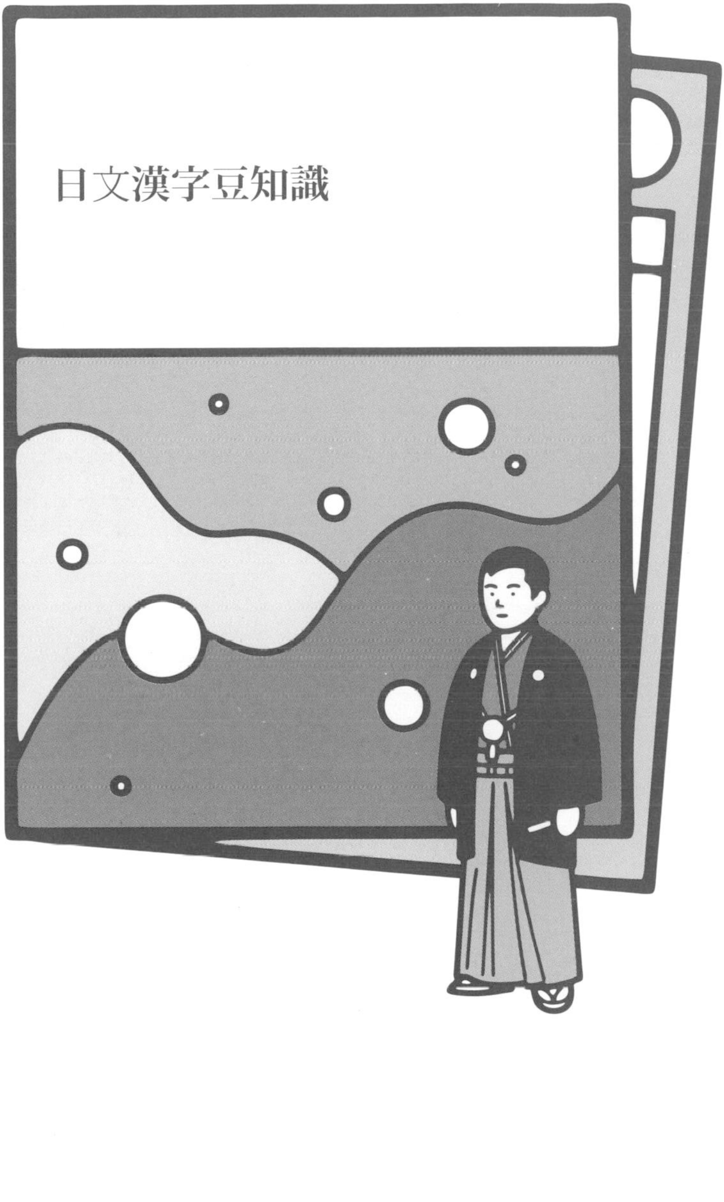

日本的姓氏

中國人口有十三億（這是官方統計，我猜應該更多），據說現在通用的姓氏約有五千多個，幾乎都是單姓，若包括全體五十六個民族，姓氏總數則超過一萬。

韓國人口約五千萬，姓氏卻只有五百種。日本人口將近一億三千萬，姓氏卻高達十萬以上。《日本姓氏大辭典》更收集了二十九萬種姓氏。排行首位的「鈴木」也只占總人口的百分之一點八而已。

因此，同樣是日本人，拿到名片時叫不出對方的姓氏發音，並非罕事。

例如，「四月一日」發音是「watanuki」，因為往昔陰曆的四月一日是「脫」（nuki）下「棉」（wata）襖的更衣時期（現代日本則是六月一日和十月一日），所以姓氏漢字雖是「四月一日」，發音卻是「棉脫」；「小鳥遊」發音是「takanasi」，無（nasi）鷹（taka），小鳥才能四處遊玩，也就是說姓氏雖是「小鳥遊」，發音卻是「鷹無」。

日本的姓氏如此多，是因為在明治維新之前，平民不能冠姓，只有名字或通稱。古代日本貴族和古代中國一樣，「姓」與「氏」不同，例如《源氏物語》中的主角光源氏，本為皇子，後來降為臣籍，皇上封他「源」姓。

而日本史實中，第一位實施此方式的天皇是嵯峨天皇（在位期間八〇九—八二三），之後的天皇也依樣效法，賜予皇子、皇孫「源」姓，結果貴族便有「嵯峨源氏」、「清和源氏」、「宇多源氏」等根系。

換句話說，「嵯峨」是「氏族」，「源」是「姓」。日後又從「源氏」分成許多旁系，這時，「源」就代表「氏族」。戰國時代有不少大名喜歡強調自己是「源氏」後裔，也不過是想抬高自己的出身階級而已，真假則不得而知。

古代中國先有「姓」，後有「氏」，由於是女系社會，因此「姓」起於女系，「氏」起於男系。日後社會逐漸以男子為主體，「姓」便改從男系，秦漢以後，「姓」與「氏」才合一，這時老百姓也通常都有姓氏了。而當時老百姓取姓氏時，一般均以出生地、封國、職業、技藝等為主。

日本於明治維新後，准許庶民取姓氏時，大家也都紛紛以出生地、職業等為姓，才會有這麼多令同是日本人卻唸不出對方姓氏發音的奇名怪姓。

以上是前言，免得又有人以訛傳訛，嘲笑日本人的姓氏由來。接下來才是我想說的正文。

中國與韓國，女人婚後通常不改姓，日本卻百分之九十五以上都改為夫姓。臺灣女人於婚後，往昔好像是在娘家姓上冠上夫姓，現在似乎都各姓各的。

韓國女人不冠夫姓，據說是基於門第血統以男人（丈夫）為主，民法也規定孩子必須冠父姓。日本女人婚後改姓，則只是慣例而已，表示她願意成為丈夫家人，死後，骨灰可以埋進丈夫家墳墓，與丈夫結成連理枝。這是一種嫁雞隨雞、嫁狗隨狗的傳統。

日本法律沒有規定女人一定要改為夫姓，但按戶籍法[1]，夫婦必須姓同一種姓，因此男女到市政府提交婚姻登記時，男方可以改為女方姓，女方也可以改為男方姓。而男方改為女方姓時，並非中國所謂的「入贅」。

萬一夫妻不得不離婚時，女人得再改一次姓，於是有人恢復舊姓，也就是未婚前的姓，也有人因社會認知問題而沿用離婚前的夫姓（或妻姓）。

在我看來，這種制度的最大犧牲者便是孩子。

父母離婚後，倘若孩子戶籍歸母親，孩子便得改姓；而日本夫婦離婚時，如果是雙方同意簽名蓋章（另需有兩位證人的簽名蓋章）向市政府提交婚姻解除登錄，孩子通常歸母親這方。萬一鬧到地方法院，則看父母哪方經濟能力比較強，孩子便歸有能力撫養的那方。

不知是幾年前，韓國女權運動中有一項「姓氏改革」，提倡應該讓孩子冠父母雙方的姓。比方說，父親姓「金」，母親姓「李」，孩子便是「金李某某」。

據說這活動在當時已在一些年輕人之間以暱稱流行開了。只是若真的正式採用這種方式，那麼，「金李某某」與「崔鄭某某」的孩

注｜[1] 戶籍法只限雙方都是日本國籍的男女，國際婚姻的例子另有法規。

子，不就得叫成「金李崔鄭某某」？

以此類推，在外國人眼裡看來，是個相當有趣的話題；但對當事者韓國人來講，可就一點也不好笑。於是民意測驗結果，百分之八十的人都反對。

日本女權運動中也有一項活動正是「姓氏改革」，高唱「夫婦別姓」。意謂即使是婚後，「小女子我」也要繼續冠娘家姓。也不知鬧了幾年，一九九六年法制審議會才申明將考慮改正某部分民法。

有趣的是，某些已經不可能改姓且懷中有亡夫留下的大把退休金的寡婦阿嬤族，卻在進行「死後不進丈夫家墳墓」的「地下活動」。

日本是父、母、傳後男子與其妻子，代代骨灰都共同埋在該家菩提寺同一座墳墓內，墓碑只刻著「某某家之墓」，一旁再刻上各自的名字。

菩提寺是佛教寺院，江戶時代德川幕府為保護佛教，規定人死後，墳墓必須設在寺院，因此大部分日本人所屬的菩提寺內（有宗派之別），都有祖宗八代以上的人名簿。次子以下的男子不能進祖籍墳墓，通常另找菩提寺自己設墳墓。

嫁出去的女兒因姓氏不同，不能進娘家墳墓。所以上述那些阿嬤族便打算自己蓋墳墓。原因只有一個：幹嘛死後還得在同一座墳墓內和婆婆以及生前把老婆當下女的丈夫鬧彆扭？

坦白說，我對女權運動沒興趣，總覺得「男女有別」是天經地義之事。這是我從實際生活中得出的教訓。

不過，我這樣說也並非表示我反對女權運動。只是在我看來，男與女，其實就跟共同生活在一個屋簷下的貓與狗一樣。貓一開口，永遠叫不出「汪汪」；狗一興奮，也畢生哼不出一句「喵……」。只要彼此承認自己在某些方面永遠不如對方，不是也能快快樂樂共同過一生？

話雖如此，我還是贊同「夫婦別姓」。

我本來姓「松原」（我父親的姓），婚後改姓為「茂呂」。離婚時，由於兩個孩子當年仍是小學生，若改姓，他們肯定會在學校遭遇種種冷嘲熱諷，於是我只要求讓孩子跟在我身邊，孩子的戶籍仍歸爸爸，不改姓。而我同前夫離婚時，本來也可以恢復舊姓「松原」，但考慮到「住民票」上的母子姓氏不同，日常生活會發生眾多不方便之處，只得沿用前夫的姓「茂呂」。

在日本，戶籍和住民票的用法不一樣，戶籍可以一直擱在老家，也可以隨意遷移，即便把戶籍設在迪士尼樂園地址也沒有問題。

但住民票則類似市民身分證，每逢搬家到其他市鎮，就得到兩邊市政府去辦撤銷與登錄市民手續。而且所有相關證明，例如健保卡、駕照等都要更改地址。戶籍謄本（戶口謄本）平常根本用不到，除了提交婚姻證明、辦護照以及其他特殊場合時才需要。

舉實例來說可能比較清楚：我前夫的戶籍內，「筆頭者」（戶長）是前夫名字，妻子欄有我的名字，但因離婚，我的名字被打個叉叉，之後才是前夫再娶的妻子名字。孩子欄則有我家兩個孩子的名字。而我的戶籍，只有我的名字。

順帶提一下，由於離婚後，女人在夫家的戶籍上會被打個叉叉，表示已脫離戶籍，因此日本人（不分男女）形容自己離婚一次或離婚兩次時，慣用「×１」[2]或「×２」[3]來形容。雖然現在已

注
[2] バツイチ：batsuichi。
[3] バツ二：batsuni。

經不會打叉叉了，又因隱私權，戶籍謄本上也不會出現離婚資歷，但一般人仍慣用「×1」、「×2」的形容詞。

話又說回來，住民票和戶籍的性質又不同了。例如我家在所澤市的住民票上，筆頭者是我的名字，同居人是兩個孩子的名字，關係欄寫的是「母子」。但前夫在他所住的市鎮住民票上，筆頭者是前夫的名字，同居人卻只有現任妻子的名字，沒有孩子的名字。

總之，住民票是市政府管理市民的一種行政方式，而且住民票的有效期限只有三個月。由於日本人沒有身分證，一般日本人到銀行、郵局開帳號或需要身分證明才能辦妥事情時，通常用健保卡或駕照。

這樣舉實例說明，大家是不是可以稍微理解我贊同「夫婦別姓」的理由？

因為……萬一……倘若……我想再嫁時，我就必須再改一次姓氏。不但戶籍要改，住民票要改，健保卡要改，駕照要改，護照也要改……甚至連往後的養老金證明卡的姓名和帳號都要改……天哪，真是煩呀。乾脆不嫁人也。

全球最難唸的文字——日語中的漢字

訓讀與音讀

外國人學日語時，最頭痛的，應該是明明同一個漢字，卻有好幾種唸法。

例如，「生」這個字，表示「活」、「新鮮」時，唸成「i」；表示「真正」、「純粹」、「純正」、「一本正經」時，唸成「ki」；表示「生」、「生活」、「生死」、「有生之年」、「學生」時，唸成「sei」；表示沒有經過消毒或煮沸時，唸成「nama」；表示「殺生」、「生命」的時候，唸成「shou」；表示「發育」、「成長」、「前途」、「出身過程」時，唸成「o」；表示「長牙」、「長草」、「生

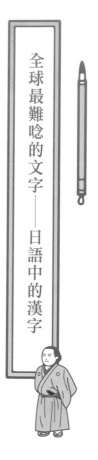

根」時，唸成「ha」。

如果你問日本人：為什麼日本人能夠分辨出這麼多種的唸法呢？日本人大概也會被問倒，即便眼球轉了好幾圈，恐怕也答不出來。

畢竟一般庶民不會思考這種學問性的高尚問題，但學識高一點的知識分子或精通兩種甚至三種語言的人，便會深切地體會到「日語中的漢字實在很高深」。

在我看來，同樣是漢字，中國的漢語就比較簡單了。

例如，漢語的「生」，只有一個音節。用這個「生」字去配其他漢字，便組成一個單詞。而且這個單詞的發音和字義不會變化。

現代漢語通常一個漢字一個音節，每個字都有其固定字義，兩個字組成一個詞。雖然某些音譯外來語有三音節或四音節的單詞，如「巧克力」、「白蘭地」、「盤尼西林」、「歇斯底里」等，但基本上都是兩個音節構成一個單詞。

據說現代漢語中大約有四千多個單音節，英語有三千多。那麼，日語呢？根據日本某些語言專家的說法，日語的音節頂多只有一百多。也就是說，外國人在學日語發音時，不像除了音節還有音調的漢語那般複雜，比較容易學。至少比英語的音節更容易學。

問題正是出在利用少數的音節去配多數的漢字這點，才會出現一大堆同音異義的單詞，導致連首相也唸錯字。

吳音

全球最古老的文字是古埃及文字和楔形文字，大約在西元前三千多年便已經非常發達。在這之前的幾十萬、幾百萬年，人類都是靠語音進行思想與信息的傳播。比起語音，文字的歷史其實很短。

漢字的歷史大約有三千多年，而日本人普遍並大量使用漢字的時期，據說在西元四世紀之後，距今約一千七百年。日本的四世紀是古墳時代，由於缺乏文字紀錄，史家稱此時代為「空白的四世紀」。

漢字傳入日本之前，日本人當然有固有的語音溝通手段，他們稱高高隆起的地形為「yama」，稱養著眾多魚類貝類的鹽水為「umi」，稱生了自己並養育自己的女子為「haha」。漢字傳進來後，日本人再於固有語音配上「山」、「海」、「母」等字，於是固有語音便成了訓讀。因此，日本人只要用耳朵聽訓讀的語音，不用看文字也能明白對方的意思。

不僅日語有訓讀，往昔的越南語、朝鮮語，都有類似日本的訓讀讀音。現代英語也有類似訓讀的說法，比如美國人到唐人街吃飯時，把漢字的「炒飯」形容為「fried rice」，這算是英語的外來語或直譯吧。連我這種不懂英文的人，看到「fried rice」這個形容詞，也能明白對方說的意思應該是「炒飯」。

除了訓讀，漢字另有漢人使用的固有發音，傳入日本後，便成為音讀。目前日本人使用的漢字音讀大致可以分為「漢音」、「吳音」、「唐音」三種。

最早傳入日本的漢字發音是「吳音」。

「吳」是春秋時代的吳國，位於長江下游，國都是今江蘇省蘇州，日本人即便說不出夫差和勾踐的名字，也大多學過「臥薪嘗膽」、「吳越同舟」的故事。

日本古籍中記述的「吳」便是指這個地名的「吳」，發音為「kure」，例如「吳藍」（靛青染）、「吳機織」（織布機），意指長江下游的染布法或織布法。

另一個「吳」是南北朝的吳國，發音為「go」，南朝包括宋、齊、梁、陳等四朝，北朝是北魏、東魏、西魏、北齊和北周五朝。北朝是異民族王朝，和日本沒有邦交；漢人南朝建都於今南京，與之前同樣建都於南京的孫吳、東晉合稱「六朝」。

最初是某些古朝鮮半島西南部國家的百濟人（三四六—六六〇／韓國的國定教科書則根據建國神話採用西元前十八年—六六〇），因故遷居至日本，也一起帶漢字進來。

這些百濟人大多定居在日本九州北方的長崎縣玄界灘的對島。換句話說，日語中的所謂「吳音」，並非直接傳自南朝的吳國，中間另有百濟人、對島人當仲介。而且不是一次性地大量傳入，而是時斷時續，經年累月地傳入，長達二世紀或三世紀之久。

漢音

七世紀至九世紀，日本陸續派遣使節團前往唐朝吸收社會制度以及文化，遣唐使的次數大約二十回合（關於次數有其他說法），期間長達二百多年，最後一次是平安時代初期的八三八年。

菅原道真於八九四年就任遣唐大使後，建議廢除遣唐使，之後便再也沒有繼續。唐朝則於九〇七年滅亡。

遣唐使每次出海，都有四、五百人分別乘坐四艘船渡海。當時航海技術還未成熟，不但沒有指南針，坐的也是木船，因此遣唐使經常遭遇海難。

不過，即便冒著性命危險，日本國內的菁英仍願意出海迢迢前往唐國。這些菁英回國後，均能登上政治及文化方面的領導寶座。

這些人在長安（西安）學的漢語正是漢音，當時的人稱為「正音」。

上古漢語的江南話（吳語）和中古漢語的中原官話（西安話）當然不一樣，於是這些海外歸國菁英便很蔑視吳音，極力排斥已有數百年歷史的吳音，他們認為吳音是鄉巴佬的口音。

但是，書名和人名等固有名詞，以及佛教、醫術方面的用詞，幾乎全是吳音。看來，這些自海外歸國的菁英再怎麼排斥，似乎也無法根絕長達數百年的語音習慣。

如此，吳音和漢音混雜一起，缺乏教養的庶民使用吳音，知識分子開口閉口都是漢音。有點類似明治初期的知識分子，認為只有英文或法文才是「文明話」，連作家寫文章時也要夾雜幾句英文。

當時的桓武天皇[4]竭力鼓勵漢音，甚至下令規定人們必須使用漢音。到了這種地步，可以說是國家層面的重大教育事業了。

據說到了最後，吳音沒有滅亡，反倒與漢音和平共存。吳音主要用在佛教方面，漢音則用在儒學方面。現代日語也是吳音、漢音混在一起，只是日本人沒有特別意識到此刻說的語音到底是吳音、漢音甚或日本固有的和音。

我舉個例子給大家看：

十一月の三日は祝日で、ちょうど日曜日です。（日文）

十一月三日是節日，剛好是星期天。（中文）

注 | 4 桓武天皇（738-806）：かんむてんのう。Kanmu Tenno-。

中文的兩個「日」字，發音一樣；但日文中有四個「日」字，發音卻都不一樣。「三日」的「日」發音是「ka」，「祝日」的「日」發音是「jitsu」，「日曜」的「日」發音是「nichi」，最後一個「日」發音是「bi」。

四個「日」字的發音，恰恰包含了吳音、漢音以及日本固有的和音。「nichi」是吳音，「jitsu」是漢音，「ka」和「bi」則是和音。

日本人會唸錯嗎？不會。讓小學生來唸，也不會唸錯發音。因此，一些語言專家在著作中提到此事時，大抵都會重新痛感「原來我們日本人每天都在大腦中進行類似電腦打字的語言轉換功能」。

坦白說，寫這篇文章之前，我也沒有意識到這件事實。因為唸起來太自然了，我完全沒有考慮到「對呀，不過一句話而已，同樣的字竟有四種發音，我怎麼不會唸錯呢？」這種學術性的高級問題。

我想，大部分的日本人應該都和我一樣，只是很自然地唸出而已，不會去想那些有的沒的會破壞腦細胞的複雜問題。

唐音

另一種漢字的音讀稱為「唐音」。「唐」並非指李白、杜甫那個時代的唐，而是自宋朝算起，直至元、明、清三朝為止的時代。

換算成日本的歷史，則為平安時代中期（十世紀左右）、鎌倉時代、南北朝時代、室町時代、安土桃山時代（俗稱戰國時代）、江戶時代。

這時期，有許多商人和禪宗僧侶陸續渡海來日本，他們說的漢語主要是南方口音，但範圍非常廣。

由於日本的學校不教唐音，一般人比較難以分辨到底什麼語音才是唐音。但根據語言專家所說，日語的日常用語「椅子」[5]「蒲團・布團」[6]「暖簾」[7]等，都是明、清時代在長崎活動的貿易商傳進日本的發音，也就是唐音。

注
5 椅子：いす。isu。
6 蒲団、布団：ふとん。huton。
7 暖簾：のれん。noren。

中國的暖簾是北方人在門口掛的長達地面的厚棉被簾，用來防寒；日本的暖簾則是店鋪門口掛的布簾或繩簾，上面印著店家商號或標誌，表示該店家的招牌。店家掛上暖簾，意味開始營業；卸下暖簾，就是店家打烊或休息時間。

往昔，我在河南鄭州生活時，店家及商舖於冬天一定會在門口掛上比棉被還厚的暖簾，因此我明白中國北方的暖簾到底是什麼玩意。大陸古裝電視劇《後宮甄嬛傳》中經常出現「暖簾」，看得我極為懷念。總之，中國和日本的暖簾，兩者完全風牛馬不相及。

為何中國北方人用的防寒棉被簾會經由中國南方人傳到日本，並留下南方口音的唐音發音，這點恐怕連日本語言專家也答不出來吧。

話說回來，吳音聽起來比較軟，漢音聽起來則比較硬。這點和日語類似，東京的關東語（標準語、全國共通語）也是聽起來比較硬，有點拒人於千里之外的感覺，NO就是NO，毫無轉圜餘地。而大阪、京都那方面的關西語聽起來比較軟，而且很會轉圓圈，你明明在說東，對方會把話題轉到西，根本吵不起來。

不過，根據關東人和關西人夫婦或情侶的經驗談，關西人發怒時很駭人，但關東人生氣時似乎也是規規矩矩，很有禮貌，缺乏威勢。

關西人上英語課時，英語的「How are you?」和「I’m fine, thank you.」，在他們來說，是「生意好嗎？」、「差不多啦。」之意。

意思是，關西人見面打招呼時，用詞和關東人不同，類似臺灣人向人打招呼時，通常會說「呷霸沒？」（吃飽了沒有？），而不會說「你好」、「早安」之類的問候語。

漢字與日本的點點滴滴

日本人於何時開始用漢字寫文章？

一般說來，只要向日本人提起埼玉縣稻荷山古墳出土的鐵劍，對方大抵會點頭說「啊，我知道那把鐵劍……」。但是，知道歸知道，對方可能也說不出箇中詳情。雖然高中日本史教科書必定會出現這把鐵劍，只是，當我們畢業後，除非個人對日本史深感興趣，否則通常會把在學校學來應付考試的知識置之腦後。

據說這把「金錯銘鐵劍」[8]國寶是五世紀的遺物，表裏刻著總計

注｜8 金錯銘鉄剣：きんさくめいてっけん。kinsakumei tekken。

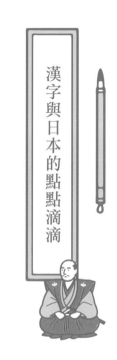

一百一十五個漢字組成的文章，其中包括了日本的專有名詞。

表：

辛亥年七月中記、乎獲居臣、上祖名意富比垝、其兒多加利足尼、其兒名弖已加利獲居、其兒名多加披次獲居、其兒名多沙鬼獲居、其兒名半弖比

裏：

其兒名加差披余、其兒名乎獲居臣、世々為杖刀人首、奉事来至今、獲加多支鹵大王寺在斯鬼宮時、吾左治天下、令作此百練利刀、記吾奉事根原也

日本學術界的定論是「辛亥年」為四七一年，但也有五三一年的說法。「獲加多支鹵大王」指的是《日本書紀》中的「大泊瀬幼武尊」[9]，亦即第二十一代雄略天皇[10]。

看漢字，明顯依據古代日文發音拼湊漢字，卻又留有古代漢語的意義。由此看來，這可能是利用漢字表達古代日文的初期階段。也就是說，是用漢字翻譯出的日文，因此人名只能音譯。

此外，再考慮到古漢語和日語的文章詞序不同，即便全篇以漢字寫出的文章，若詞序是按日文的文法排列，便能推斷該文章是翻譯自日文的漢文。從此觀點來看，應該自七世紀左右起，才出現原文是日語，卻全部用漢字寫出的例子。

日本人的日常生活中到底該用多少漢字？

在日本社會實際被使用的漢字種類相當多。根據日本文化廳國語課於二〇〇〇年公布的「漢字出現頻度調查」，總計有三三三〇萬又一九三四個漢字。調查對象是以凸版印刷排版的三

注 [9] 大泊瀬幼武尊：おおはつせわかたけるのみこと。Oohatsusewakatakerunomikoto。
[10] 雄略天皇（418-479）：ゆうりゃくてんのう。Yu-ryaku Tenno-。

八五冊書籍。

若按常用漢字、人名用漢字、第一水準漢字、第二水準漢字等類別區分，竟然有八四七四種漢字。換句話說，你若想全部讀懂調查對象的書籍，你必須認識八四七四個漢字。不過，據說只要認識占上位的二四五七種漢字，你便能讀懂調查對象書籍的百分之九十九的內容。剩下的百分之一就用猜的吧。

我查了紀錄，居首位的漢字是「人」，而排在第二四五七名的漢字是「鎧甲」的「鎧」。這個字的確有必要記住，假若讀不懂這個字，那你就別想讀日本的歷史讀物了。

最讓我驚奇的是排在第二四五六名的漢字「炒」。剛看到時，還在奇怪這個字怎麼排在這麼後面呢？

後來我到日本網路去問，對方答說，日本人煮菜時不用「炒」，所以這個字在往昔不常用，但現在許多家庭的飯桌會出現中國菜，而且都用電腦打字，因此這個字在網路很常見。原來如此。

再根據同一調查的報告，據說只要認識排在前二六〇二個漢字，便能讀得懂現代的《讀賣新聞》兩個月份中出現的百分之九十九點九的漢字。

我再查紀錄，排在第二六〇二名的漢字是「啞」。有道理，這個字已經成為歧視字，新聞記者或作家應該不會亂用，現在都以「嘴巴不自由」、「耳朵不自由」的形容詞代替「啞」、「聾」了。

但是，要認識兩千六百個漢字也是一件很辛苦的事呀。如果除掉新聞上的固有名詞及學術用語，至少也要認識二千五百個漢字才能讀懂日本的新聞或雜誌。倘若當事人很喜愛閱讀，平日便時常閱讀各方面的書籍，那他至少要認識三千五百個漢字才行。

三千五百個……我不禁歪著頭暗忖：我過去寫的書，總計有這麼多漢字嗎？我真的認識三千五百個漢字嗎？

答案是：沒有把握。

日本內閣府於二〇一〇年公布的常用漢字有二一三六字（讀音卻有四三八八種），只要認識這兩千多個漢字，閱讀一般新聞或雜誌時應該沒問題。真正令人頭痛的是讀音。

二〇一〇年的常用漢字多了九十五個漢字，詞彙則增加了四個詞：叔父（伯父）[11]、叔母（伯母）[12]、凸凹[13]、桟敷[14]。

真希望日本作家能多多利用「叔父」、「叔母」、「伯父」、「伯母」這四種稱呼，免得讀小說時，老是弄不清小說中描述的「歐吉桑」或「歐巴桑」到底是父親還是母親這方的親戚。

何謂常用漢字？人名用漢字？第一水準漢字？第二水準漢字？

常用漢字是根據日本文部科學省文化審議會國語分科委員會的方案，再由內閣公布的現代日語漢字標準，亦即法令、公用文件、報紙、雜誌、廣播等一般日常社會生活中，書寫、表記現代國語時，對漢字使用的依據。

注

11 叔父、伯父：おじ。oji。

12 叔母、伯母：おば。oba。

13 凸凹：でこぼこ。dekoboko。

14 桟敷：さじき。sajiki。看台、樓座。

當用漢字是日本於第二次世界大戰敗戰後，在同盟國的占領下，日本內閣於一九四六年（昭和二十一年）十一月十六日發布的《當用漢字表》中所公布的漢字，共計一八五〇字。目的是限制繼而廢除日文中的漢字，也就是「國字改革」運動。幸好此運動失敗了。

新字體是日本民間常用的簡略字，也就是筆劃比較少的簡寫字。

人名用漢字是常用漢字以外的漢字，可以用在戶籍名字上的漢字，目前總計有九八三個。

提到人名用漢字，我想起自己的名字「美耶」。這個「耶」字並非常用漢字，而是人名用漢字，因此在電話中碰到要報出自己的全名的情況時，往往令我頭痛得很。

對方若是以漢語為母語的人，我只要說明是「耶穌的耶」，再開玩笑說「我是美麗的耶穌」，對方應該可以馬上明白到底是哪個「耶」。但若要向日本人說明，我必須說「左邊是漢字的耳朵，右邊是右耳旁」。

結果，十例中有十例都寫錯了，寄來的文件幾乎都寫成「美那」。右邊的右耳旁雖然沒有寫錯，但左邊怎麼看都不是漢字的「耳」嘛。何況「那」和「耶」的發音不一樣。不僅名字，有時連「茂呂」這個姓也會寫錯，把我改名為「毛呂美那」。

不過，這也不能怪對方，畢竟「耶」字在「漢字出現頻度調查」中是排在第二五四〇名。也就是說，即便讀得懂調查對象的將近四百冊書籍之百分之九十九內容的日本人，也不見得認識這個「耶」字。所幸「耶」字在「網路出現頻度」中排在第一九二二名，這大概拜電腦之賜吧。

寫到此，我又想起一九九三年發生的「惡魔君命名騷動」。

話說一九九三年八月十一日，東京都昭島市市政府接到某名被取名為「惡魔」的男嬰出生申請。由於「惡」和「魔」均屬於常用漢字，市政府的公務員便受理了。不料，市政府向法務省民事局詢問是否應該受理此命名後，法務省民事局竟以「此命名可能損害到男嬰的福祉，屬濫用父母權利」之由而退回。

之後，親生父親的申請者再以和「惡魔」同音的別字申請，依然被拒絕。申請者到東京家庭案件法院狀告，最後竟和市政府抗爭到東京高等法院。媒體大肆報導此事件，使得當時的日本全國百姓都知道事件的來龍去脈。

申請者和市政府大約鬧了一年，最後才以「亞驅」之名結束了騷動。三年後，申請者父親因藏毒品而被逮捕，並和妻子離婚，孩子被送到兒童養護施設（孤兒院）接受照顧。扳指算算，那孩子已經成人了，不知那孩子現在過得如何？

我還聽說有父母為了「希望孩子長得像妖精那般的女子」，而給親生女兒取名為「精子」，發音是「seiko」。這例子不是更可憐嗎？女孩子哩！

至於ＪＩＳ漢字，則為日本電腦用漢字，一般分為第一水準、第二水準，計有六三五五字；另有並非每台電腦都能打得出字體的統一碼第三水準、第四水準、補助漢字，總計有一萬三千字。也因此，「耶」字的網路排行位次才會居於書籍出現頻度排行之上。畢竟「耶」字並非常用漢字，除非用在人名，否則一般書籍不會用這個字；但網路充斥著各種人名，而且用電腦打字很容易打出「耶」字，所以網路比較常見這個字。

教育漢字則為在小學六年期間必須學會的漢字，又稱「學習漢字」，總計一〇〇六字。

前面說過，只要認得二六〇二個漢字，便能讀得懂現代的《讀賣新聞》兩個月份的新聞報導。如此看來，即便在小學六年期間學會了一〇〇六個漢字，也不見得能讀懂一份報紙？

為什麼中國和日本的漢字，筆劃的筆順會不同呢？

目前，日本的學校教育規定的筆劃筆順，是根據一九五八年日本文部省出版的《筆劃筆順指導》一書。姑且不論之前如何，總之自一九五八年以後，日本的漢字便僅有一種筆順，筆順基準應該毫無變化。

不過，在《筆劃筆順指導》中，有具體說明筆順的漢字，只限當時的教育漢字八八一字。現在的日本小學教育漢字已經增加到一〇〇六字，因此，其中的一二五字的筆順便缺乏具體的基準了。

只是，由於《筆劃筆順指導》中有規定筆劃筆順的原則，學校的教師只要按照該原則教導學生，基本上不會產生太大的差異。

一九七五年日本讀賣新聞社會部編輯的《日語的現場》一書中，介紹了一則有關《筆劃筆順指導》出版當初的有趣小故事。

話說當時的日本文部省，為了製作《筆劃筆順指導》冊子，設置了由十二名專家組成的「筆劃筆順委員會」。當初，相關人員都認為只要兩、三個月即能完成任務，不料，委員會在第一回合聚會時，便刮起了狂風暴雨。

事情發展到某書法家權威在大臣辦公室前靜坐示威，主張「如果不承認我的流派的筆順，我將剖腹自殺」。結果，「筆劃筆順委員會」花費了兩年才完成《筆劃筆順指導》。

書法家權威既然要出「剖腹自殺」這種威脅遊戲，表示依據當時的書法流派，各派的漢字筆劃筆順有很大的差異。另一方面也表示，現代日本人在學校學習的所謂「正確的筆劃筆順」，其實只不過是互相對立的書法流派權威通過彼此的妥協而定出的規則而已。

至於臺灣及中國的漢字筆畫筆順成立情況，由於我手邊沒有相關資料，不太明白箇中詳情，不過，應該也是按照書法流派而定的吧？

在統一筆順的過程中，繁體字、簡體字和日本漢字會出現不同的筆順例子，想來也是理所當然。

反正，所謂筆劃的「筆順」，是為了讓字體寫得更美的一種輔導工具而已，並非絕對性的存在。能把字寫得漂亮就行了。

同樣一個漢字，為什麼在日本和中國，意義完全不同呢？

舉個最顯著的例子，「鹽烤鮎」是日本夏季至秋季的風景詩之一，不過，這是僅對日本人而言。在中國人看來，會變成「鹽烤鯰」。漢字的「鮎」，在日本表示「香魚」，但在中國則表示「鯰」。

像這樣明明是同一個漢字，在日本和中國的意義卻完全不同的例子相當多。

譬如「嵐」，在日本是「暴風雨」之意，在中國則表示「山中的霧氣」。「噓」在日本是「謊言」，在中國則為「緩緩吐氣」、「嘆氣」、「感嘆」、「鄙斥」。

為何會發生這樣的現象呢？

原因之一是古代日本人誤解了。古代日本人看到「嵐」這個漢字，因為是從「山」上吹下來的「強風」，所以誤解為「暴風雨」。「虛」字是「空虛」，旁邊有個「口」，古代日本人便認為，既然是從嘴巴說出的「空虛話」，那肯定是「謊言」了。

如此，古代日本和古代中國因為隔著海洋，又因為中間夾著百濟人，無法緊密交流，也就失去了消除誤解的機會。

可是，「鮎」這個字的情況又有點特殊。有專家說，從前，神功皇后[15]使用香魚占卜了戰鬥勝敗，於是組合「魚」和「占」字，成為「鮎」。如果此說法是事實，表示香魚的「鮎」字是日本人獨自創出的國字。

湊巧古代中國也有意味鯰魚的「鮎」這個字。結果，本來沒有任何因緣的日本的「鮎」（香魚）和中國的「鮎」（鯰魚），字形就

注 15 神功皇后：じんぐうこうごう。Jingu-Ko-go-。日本歷史上第十四代天皇仲哀天皇的皇后、第十五代天皇應神天皇的生母，原名不可考。

一樣了。

也就是說，同樣一個漢字，在日本和中國的意義卻不同的原因，除了古代日本人的誤解，另外就是偶然的一致。世界上的所有發明也是這樣，有人發明了一項東西，但在同一時期，在地球的另一端，也有人發明了類似的東西。

假若再仔細查新加坡、越南、韓國等地的漢字，應該都有他們獨自創出的漢字，也應該有明明是同一個漢字，意義卻不同的字吧。

朝鮮語和日語的差異

先說明一點，目前，在日本稱韓國和北朝鮮使用的語言為「韓語」、「朝鮮語」。只是，無論「韓語」或「朝鮮語」，都是過去朝鮮民族（朝鮮人）在朝鮮半島使用了千年以上的語言，稱其為「韓語」似乎不恰當，因此在接下來的文章內，均用「朝鮮語」來形容。

朝鮮的漢字，通常一個字只有一個讀音，而朝鮮人的名字都是漢語讀音。如李承晚、金大中、金日成等。雖然現在都用朝鮮文字寫這些名字，不過，原本應該都是漢字。在歷史上曾與豐臣秀吉的軍隊打過仗的朝鮮歷史名人「李舜臣」也是漢語讀音。

若要往前追溯，百濟和新羅時代的王族人名亦是漢字。在漢語傳入朝鮮之前，這些人名應該有朝鮮固有的讀音，只是，漢字傳進朝鮮之後，就整個變了。日本現在也用「高橋」、「鈴木」、「田中」、「小林」等漢字為姓氏，但日本人名的讀音皆為日本固有的「和音」，這點和朝鮮語有很大差異。

現在用朝鮮文字寫成的地名，原本也都是漢字。例如「釜山」、「慶州」、「浦項」、「平壤」等。「松島」唸成「sondo」，「水原」唸成「suwon」，「平澤」唸成「pyonteku」，發音均為漢語讀音。如果是日本，便會全部改為「和音」。唯一的例外是「首爾」，只有「首爾」的發音是自古以來的朝鮮語。

不僅人名和地名。比起日語，朝鮮語的普通名詞用漢語讀音的字彙非常多。譬如「山」唸成「san」，「河」唸成「kan」（源自「江」音），「城」唸成「son」，「東」唸成「don」，「西」唸成「so」，「南」唸成「namu」，「北」唸成「puku」。這些漢字在日語中單獨使用時，幾乎都是日本固有的「和音」，但朝鮮語竟然全是漢字讀音。「湖」唸成「hosu」（源自「湖水」），「毛皮」唸成「mo-pi-」（完全是音譯），「傘」唸成「usan」（源自「雨傘」）。

換句話說，是漢語驅逐了這些詞彙的古來朝鮮語讀音。這可能因為朝鮮在發明了朝鮮文字的十五世紀之前，始終沒有類似日語的假名之表音文字，因此無法記錄古來的朝鮮語吧。此外，一般人也不使用類似日語的「訓讀」，以致許多詞彙都保留了漢語讀音。

與朝鮮比起，日本雖然也引進了漢字，卻沒有淘汰掉「和音」，反倒在每個「和音」配上各自的漢字，也就是所謂的「訓讀」。正因為有「訓讀」，假名配漢字的文章字數就比全部都用假名寫成的文章來得短，而且不用仔細一字一字去看，通常用「瞄」的即能抓住該篇文章的大意。「訓讀」算是日本人的成功發明之一。

只是，基於此緣故，日本的老百姓便必須學習明明是同樣意義的「漢語音」及「和音」兩種讀音，有時甚至有更多讀音。

譬如「山」、「河」、「日」、「月」、「手」、「足」、「父」、「母」、「黑」、「白」、「步」、「走」、「增」、「減」等，都各有漢語讀音與日本固有的「和音」。也就是說，日本的小朋友必須學習每一個漢字的「音讀」與「訓讀」。全世界大概只有日本這麼麻煩。

現代朝鮮語也沒有類似日語的「訓讀」讀法，朝鮮人只能用朝鮮文字記載古來的朝鮮語。

另一點很有趣，雖然現代朝鮮語幾乎都用朝鮮文字寫成，不過，若轉換成過去的漢字，可以發現朝鮮語的漢字用法偏向日語。例如「會社」（公司），「檢討」（討論），「自動車」（汽車），「汽車」（火車），「階段」（台階），「鐵鋼」（鋼鐵），「週間」（週），「月曜日、火曜日……」（星期一、星期二……），「水素」（氫），「酸素」（氧）等，這些朝鮮語都和日語一樣。

當然各自的發音和日語不同，但漢字寫法和日語完全一樣。如此看來，這些詞彙應該都是從日本傳過去的。

其實深受日語影響的朝鮮語不僅前述這些漢字詞彙，正如日語有許多音譯自英文的「片假名外來語」那般，朝鮮語也有許多「朝鮮文字外來語」。只是，朝鮮的「外來語」也明顯深受了日語的影響，甚至連縮短方式或發音都一樣。

日本和朝鮮均從中國引進了漢字、漢語，在漢語剛傳入的古代，朝鮮確實比日本更強烈地受到漢語的影響。可是，近代的朝鮮語，似乎偏向日語這方。

如今，他們廢掉了漢字，只用朝鮮文字書寫文章，這等於全部都用平假名或片假名書寫日文文章那般，不知會不會弄混？或者，類似日本某些三流作家，本來應該描寫為「蒼白的月亮」、「碧綠的湖水」，卻因日文的「蒼」、「碧」、「青」發音一樣，導致全部變成「青色月亮」、「青色湖水」了？

我記得有陣子，日本年輕人流行在手機發信或在網路留言時，全部用平假名及片假名書寫，結果鬧出許多笑話。最顯著的例子是以下這句：

きしゃのきしゃがきしゃできしゃした

猜得出是什麼意思嗎？若讓日本網民去填漢字，大概可以填出不少笑話。正確答案是：貴社の記者が汽車で帰社した。（貴公司的記者搭乘火車回公司了。）由於「貴社」、「記者」、「汽車」（火車）、「歸社」的發音都一樣，所以當時很流行這類文字遊戲。

另一個非常著名的例子是數年前發生的中學生連續殘殺幼兒案件。案件發生後約一年，某家雜誌採訪了該中學生曾經就讀的學校的校長。記者不知提出什麼問題，校長答說「那是假定的問題吧」。

結果，記者寫出來的文章竟然是「那是家庭的問題吧」，害得該校長遭受了不少非議，必須特地出面向媒體解釋。

由於日文的「假定」和「家庭」發音一樣，在該記者的潛意識中可能將此案件歸咎於家庭教育，因此聽了校長的答話後，便把「假定」一詞轉換為「家庭」吧。

總之，日本人在聽對方的發言時，會無意識地在大腦中將某些詞彙轉換成漢字，甚少出錯。這位記者算是特例。

聽說，正因為全部都用朝鮮文字書寫，會發生種種不便，最近北朝鮮和南韓似乎都在重新審視漢字，主張恢復漢字的聲音此起彼伏，民調方面亦有八成多的南韓家長贊成恢復漢字學習。

日本人用左腦「聽」蟲聲，西方人用右腦「聽」雨聲？

東京醫科齒科大學的角田忠信[16]教授，於一九八七年一月前往古巴哈瓦那，參加第一次國際學會舉行的「中樞神經系統之病理生理學與其代價」討論會。

當時古巴仍維持著戰時體制，來自西側的參加者僅有角田教授一人。開幕式前一天夜晚，招待者舉辦了歡迎會，席上有眾多來自東歐的科學家。有名古巴男子用西班牙語展開熱情的演說。

可是，教授完全聽不清古巴男子到底在說什麼，因為會場充滿了聒噪的蟲聲。教授心想，不愧是熱帶國家，連蟲聲也如此熱烈，於是試著詢問了周圍的人，到底是什麼蟲在叫？不料，在場的人什麼都

注｜16 角田忠信：つのだ ただのぶ。Tsunoda Tadanobu。

聽不見。對教授來說，蟲聲大得如「陣雨般的蟬聲」，會場竟然只有教授一人聽得見！

深夜兩點左右，晚會總算結束，教授和兩名年輕古巴男女踏上歸途，在靜謐的夜路上，教授又聽到比方才更激烈的蟲聲。教授好幾次指向傳出蟲叫聲的草叢，兩名古巴人男女也駐足認真傾聽，但他們好像什麼都聽不見。只是不可思議地互看著彼此，不斷向教授說：「您大概太累了，回去好好休息吧。」

教授每天和這兩名男女一同行動，到了第三天，男性總算察覺到蟲聲的存在。可是，他似乎對蟲聲不感興趣。而女性竟然在一星期中始終沒有注意到蟲聲。於是，教授開始起疑：難道日本人的耳朵構造和外國人不同？

之後，角田教授以聽覺的差異為切入點，不斷在生理學上探討日本人的大腦與其他民族的大腦之相異點。結果引出一項驚人的發現。

人腦分為左腦和右腦，左右腦都有各自擅長的項目。右腦又稱為音樂腦，專門處理音樂和機器聲及噪音。左腦又稱作語言腦，負責理解人說話時的聲音，並處理邏輯性及智慧性的物事。有關這點，日本人和西洋人都一樣。

然而，繼續研究下去，角田教授終於在「用哪邊的大腦聽蟲聲」這項實驗項目中找到日本人和西洋人的大腦差異。

原來西洋人把「蟲聲」當作機器聲和噪音，用右邊的音樂腦處理，日本人卻用左邊的語言腦接受蟲聲。也就是說，日本人把蟲聲當作「蟲的聲音」、「蟲的語言」聽進耳裡。

對古巴人來說，充滿會場的聒噪蟲叫聲與平日聽慣了的噪音屬同一音源，所以他們明明聽到了蟲聲，卻意識不到。如果我們長年住在鐵路旁或機場附近，適應了噪音，那麼即便有電車通過或飛機駛過，可能也會當作耳邊風。

可是，日本人卻將蟲聲當作人說話的聲音，用左邊的語言腦處理，因此無法把蟲聲當作噪音充耳不聞。換句話說，當年在古巴的國際學會會場，用西班牙語熱情演說的人的聲音和激烈的蟲叫聲，在教授左腦相撞，導致教授聽不清演說內容。

據說，全世界只有日本人和波利尼西亞人具有這種特徵，中國人和韓國人均屬於西洋型。更有趣的是，即便是日本人，若他在外國成長，以外語為母語的話，他會成為西洋型；而外國人若在日本出生，並以日語為母語而成長，則會成為日本型。

這並非物理性結構的大腦硬體問題，似乎和幼兒期先學哪一種語言當母語的問題有關，也就是軟體問題。一般說來，人從左耳聽進的聲音會傳到右腦，從右耳聽進的聲音會傳到左腦，耳朵至腦神經系統的結構呈交叉狀態。

進行實驗時，只要在左耳和右耳同時播放不同的旋律，便能得到從左耳聽進的旋律會聽得比較清楚的結論。這也表示右腦擅長處理音樂。另一方面，在左耳和右耳同時播放不同的說話聲，也能得出右耳比較能聽得清楚的結論，亦即左腦擅長處理語言。

我們聽電話時，習慣把聽筒貼在右耳，正是基於此緣故。當然另有更複雜的測試方式，不過，據說這是最基本的實驗方法。

利用此實驗方法，透過各式各樣的聲音調查左腦和右腦的差異後，可以得出右腦擅長音樂、機器聲、噪音，左腦擅長語言的結果。

有關這點，日本人和西洋人一樣。不過，角田教授的實驗竟得出一項驚人的結果：母音、哭聲、笑聲、嘆息聲、昆蟲和動物叫聲、波浪聲、風聲、雨聲、小河的流水聲、日本傳統音樂的樂器聲等，日本人是用左邊的語言腦進行處理，而西洋人則將前述那些聲音與樂器、噪音歸為同類，用右邊的音樂腦處理。

西洋人似乎把蟲當作對人類無益的害蟲，英文的「insect」和「bug」都傾向「惡」、「壞」的形象。既然所有「蟲」都是害蟲，難怪蟲聲也會歸為噪音。

但是，日本人自古以來就有傾聽蟲聲的文化。

即便現代，只要查詢日本網站，可以查出許多專門收錄蟋蟀等昆蟲類圖像及其叫聲的網站，書店更有無數昆蟲飼育指南書，民間則有更多與蟲聲有關的童謠。也就是說，日本人自孩提時代起，便具有傾聽蟲聲的文化素養。

學過日語的人應該都知道日語有許多擬聲詞、狀聲詞，這可能和傾聽蟲聲文化有關，亦和日本人用左腦處理蟲聲有關。

角田教授的實驗結果，發現不僅蟲聲，其他動物的叫聲、波浪聲、風聲、雨聲、小河的流水聲，日本人都用右邊的語言腦在聽。這點湊巧與日本古來認為山、河、海等，所有大自然之物都有神明附身，人類只不過是其中之一員的自然觀符合。

另一方面，根據京都大學心理系教授，亦是兒童心理學者的園原太郎[17]先生的著述，日本的小朋友從幼稚園直至小學四、五年級左右，大腦已經被輸入「狗叫聲是汪汪，貓叫聲是喵喵」的固定觀念。其他昆蟲或鳥類亦有其固定的叫聲形容詞，例如金琵琶的叫聲是「chinchirorin」，烏鴉叫聲是「卡、卡」。

但外國的小朋友似乎沒有此觀念，如果問他「狗怎麼叫？貓怎麼叫？烏鴉怎麼叫？」他們會答不出來，拚命想了半天後，才回答，狗叫聲可能是「warwar」，或者說「wawa」。

換句話說，外國的小朋友對動物或昆蟲叫聲沒有共通的形容詞，亦即他們的生長環境沒有教導他們這些擬聲詞或狀聲詞。

但日本的小朋友在剛學會說話時，父母就指著狗狗或貓咪教他說「那是汪汪」、「那是喵喵」，牛是「哞哞」，豬是「咘咘」，小河是「沙拉沙拉」，波浪是「zabun」，雨是「shitoshito」（淅淅瀝瀝），風

注｜17 園原太郎（1908-1982）：そのはら たろう。Sonohara Taro-。

是「byu-byu-」（呼呼）。

日本的父母絕對不會教孩子「那是狗」、「那是貓」、「那是牛」。無論動物或大自然現象，都宛如它們或牠們是一種「聲音」的存在，都從「聲音」教起。只要隨便拿一本日本漫畫翻翻看，便能明白日本人多麼會用擬聲詞和狀聲詞了。

假如一個人自剛學會說話的幼兒期起，便透過「聲音」記住各種名詞，那麼，昆蟲和動物的叫聲以及大自然的所有聲音便會成為語言的一部分，用語言腦來處理這些聲音也是理所當然。但反過來說，或許正因為日本人從小便用語言腦處理這些聲音，因此日語的擬聲詞、狀聲詞才如此發達？

關於這點，角田教授似乎也得不出答案。

總之，就生理學來看，日本人的生理特徵是用語言腦處理大自然的所有聲音；而就語言學來看，日語的特徵是擬聲詞、狀聲詞極為發達。再加上日本人自古以來便認為大自然的一切都棲宿著神明的自然觀，這三項融為一體，正是日本人的氣質、秉性了。角田教授的研究成果中，最引人注日的是，雖然日本型的特徵是用語言腦接受大自然的所有聲音，但該人的血脈不一定非得日本人或日裔不可，關鍵在於該人的母語是否為日語這點。

角田教授的研究資料中，有一份很顯著的調查數據可以證明此學說。調查對象是十名南美日裔。除去其中一名，這些日裔都以葡萄牙語和西班牙語為母語而成長，結果他們的大腦全是西洋型。

只有一名女性是日本型。該名女性的爸爸自女兒出生後，便在家庭內徹底實施日語教育，直至十歲為止，該名女性完全不懂葡萄牙語。之後，她進了巴西的小學，也自巴西的大學畢業，但實驗結果，這名女性至今仍是用語言腦處理大自然的聲音，屬於百分之百的日本型。

反倒是朝鮮人、韓國人本來應該屬西洋型，但在日本出生並以日語為母語而成長的在日朝鮮人，實驗結果竟完全是日本型。

如此看來，西洋型或日本型的分歧點，並非人種的差異，而是在生長過程中以何種語言為母語的差異。

也因此，與其說「日本人的腦」，不如說「日語的腦」比較正確。根據角田教授迄今為止的調查，全世界只有波利尼西亞語的構造與日語一樣。

話又說回來，知道了日語腦和西洋腦的差異，對我們有何意義呢？理論物理學家湯川秀樹[18]博士在與角田教授的會談中，發表了如下的見解。

> 總之，迄今為止，人們只是隱隱覺得日本人好像偏於情緒性。以前，大家都說，與重視邏輯理論的西歐人比起，日本人似乎更接近情緒性。如今，角田先生的研究正證明了無論在（大腦）結構上、功能上，或者在文化上，日本人都和西歐人有明顯的差異。
>
> 既然如此，我首先想到的是，可以有效地利用這種差異。這種差異沒有必要區分何者為上，何者為下，只要利用便行了。正因為有差異，才能產生獨創性。在日本，日本人不如西方人的觀念根深蒂固，假若因實驗結果而分上、下，只會更加深日本人的自卑感而已。

注 | 18 湯川秀樹（1907-1981）：ゆかわ ひでき。Yukawa Hideki。於一九四九年獲頒諾貝爾物理學獎，是首位獲得諾貝爾獎的日本人。

湯川博士因獨創的介子理論而獲得諾貝爾獎，「正因為有差異，才能產生獨創性」這句話，從他口中說出，便顯得格外有分量。

日語腦的差異應該可以為人類的多樣性做出某種貢獻吧。

換個角度來看，「聆聽蟲聲的文化」也可以視為一種獨創性的文化，或許能讓人類全體的文化更豐富。

據說，日語的另一個特徵是「被害者的被動文」。

例如，「早上被鬧鐘吵醒了」、「被雨淋濕了」、「包裹被寄走了」、「門被關著」，甚至連父母過世也用「我被父母先死了」的文法。這類被動式文法似乎只有往昔的蒙古語有類似用法，其他國家沒有。

將日文翻譯成中文時，有時會覺得這些被動文很煩。不過，若站在日本人的立場來看，真的非得用被動文不可。

舉例來說，日文的「她被他求婚了」，中文通常會翻成「他向她求婚」。但如此一來，主詞（主角）便轉到「他」身上，而非日文原文中的「她」了。何況「她被他求婚了」這句話，很可能還包括敘述這件事的「我」的心理。

再例如「衣服被洗得乾乾淨淨」這句話，翻成中文時，用「衣服洗得乾乾淨淨」比較不囉唆。可是，日文的「衣服被洗得乾乾淨淨」這句話，其實還包含了「我不知道是誰洗的」之意。

那到底該怎麼翻譯呢？哎呀，我也說不清楚哪。

畢竟我到現在仍不明白自己的大腦到底是「日本腦」還是「西洋腦」呢。

從全世界的笑話中看日本人的國民性

日本中央公論新社於二〇〇六年出版的《世界的日本人笑話集》，上市當年便賣出將近一百萬本，直至今日，這本書在日本仍是長銷書之一。

作者早坂隆[19]先生博學多識，不但是跑遍全世界的著名採訪記者，也曾以體育小說獲得文學獎。他在著書後記中強調：「筆者相信，『笑』在人每天的生活中不僅『很重要』，更是『必要』的東西。」

書的腰帶刊載了一則笑話：

注｜19 早坂隆：はやさか たかし。Hayasaka Takashi。

有一艘豪華客船在航海途中發生意外。船長必須指示乘客快速離開船，跳海求生。於是，船長對各國的外國人乘客如此說。

對美國人說：「如果跳海，你就是英雄。」

對英國人說：「如果跳海，你就是紳士。」

對德國人說：「這艘船的規則是必須跳海。」

對義大利人說：「跳海的話，你會得到女性的青睞。」

對法國人：「請別跳海。」

對日本人說：「其他人都跳海了。」

書中，除了眾多這類嘲弄日本人民族性的笑話，還有不少以日本人的勤勉性及高科技為例，嘲弄其他民族的笑話。早坂隆先生更以其豐富的海外體驗詳細解說每則笑話，加強這本書的說服力。由於內容構成新鮮，才會爆紅並成為長銷書。

譬如下面這一則笑話。

日本人和俄羅斯人的技術人員商討關於汽車的密封性。

日本人的技術人員如此說。

「我國為了試驗密封性，把貓咪放入汽車中一晚。第二天，如果貓咪窒息了，便判斷其密封性合格。」

俄羅斯人的技術人員如此說。

「我國為了試驗密封性，也是把貓咪放入汽車中一晚。第二天，如果貓咪還在汽車中，便判斷其密封性合格。」

這則笑話的嘲弄對象是俄羅斯人。因為日本人的優秀技術在世界各國中已成為大多數人都知道的常識，所以日本人在這則笑話中只是一種引子而已。

當然日本人絕對不會把貓咪放入車內去試驗汽車的密封性，只是，一是「徹底到非窒息不可的程度」，另一是「貓咪沒有逃出去就很好了」的國民性，確實會令人抿嘴偷笑。

作者在這則笑話後還說了一段小故事當作解說。

二〇〇一年，作者採訪歐洲南部巴爾幹半島西部的國家波赫的首都塞拉耶佛時，由於波赫長期處於內戰狀態，街道瘡痍滿目，透過各國援助，總算開始復興。

市內到處都是來自各國的治安部隊士兵，而當時日本在人力方面的貢獻不多，完全看不到日本人。可是，日本的汽車竟比其他國家的人力貢獻更突出地展現了日本的存在感。

一是聯合國使用的汽車全部是豐田的四輪驅動車。「TOYOTA」的標誌始終比聯合國的「UN」醒目。另一是在塞拉耶佛市內奔馳的新型大型巴士。

那是日本的ODA（已開發國家為發展中國家提供的政府開發援助／Official Development Assistance）購買的巴士，所有巴士的車身都有太陽旗和

「JAPAN」的文字。

大型巴士成為塞拉耶佛市市民的貴重交通工具。作者在採訪期間，有位市民特地向他說：「你是日本人嗎？很感謝你們的巴士。真的幫了我們一個大忙。」

不僅汽車，日本的高科技似乎也已經成為世界常識。

有名異想天開的大富豪說：「如果有人能讓我看到藍色的長頸鹿，我將提供鉅額獎金。」聽聞此消息的各國人採取了以下的行動。

英國人徹底反覆地議論，世上到底有沒有那樣的生物？

德國人去圖書館調查文獻，世上到底有沒有那樣的生物？

美國人出動軍隊，派遣軍隊至全世界各地尋找。

日本人不分晝夜地研究改良品種，製作出藍色長頸鹿。

中國人去買藍色油漆。

這則笑話的主角是最後一句的中國人。為了更凸顯主角的造假特性，英國人和德國人、美國人、日本人都是配角。但是，同樣是配角，日本人卻被描寫為「技術高超，工作勤勉」的國民性。

前述笑話既然會流傳於民間，可見，日本的高科技已經遠超過名列第二名的美國，全世界的人都知道此事。或許他們在日常生活中早已體驗過日本車和日本製家電產品的優秀吧。以下描述的是作者的經歷。

直至二〇〇二年左右，羅馬尼亞的首都布加勒斯特有數不清的孩子在地下道水溝生活。

前羅馬尼亞共產黨黨魁齊奧塞斯庫，自一九六五年至一九八九年任總書記，歷時二十四年。齊奧塞斯庫統治期間，羅馬尼亞禁止墮胎、節育，鼓吹人口增長政策。他不但規定完全禁止離婚，還規定每對羅馬尼亞夫妻至少要生四個孩子。結果，生育率雖呈雙倍成長，卻導致數十萬甚至百萬個孤兒、殘障兒童以及無家可歸的孩子流落街頭，在地下道水溝內生活。

這些通稱「齊奧塞斯庫的孩子們」，光是首都布加勒斯特市便有一萬名以上，據說全國有百萬以上。他們大部分都過著街頭露宿生活，但到了冬天，為了取暖，只得鑽進地下道水溝。水溝內總是滿溢著惱人異臭。

作者曾與這些孩子一起生活。其中有位男孩，於某日夜晚，揭起鋪在地面當被窩的瓦楞紙板給作者看。作者起初不明白對方的意思，在黑暗中定睛望著，最後看到「SONY」的文字。

男孩對作者說：「怎樣？我的床是SONY製的。很厲害吧。」

作者很震驚，他做夢也沒想到，「日本＝最高新技術國家」的形象，原來也在這些下水道孩子社會中紮根了。

這段小故事並非笑話，而是悲哀的現實。

羅馬尼亞擁有豐富廣大的國土，如果執政者認真執行妥當的經濟政策，國民應該可以過著富足生活，卻因共產主義的獨裁政權，成為貧窮且落後的國家。

如今，包括日系企業，許多外國企業都進入羅馬尼亞開設工廠，國家也漸漸富裕，往昔的那些下水道孩子應該也能躺在普通的床睡覺吧？即便不是SONY製的。

世界各國的人們，似乎把日本人能製造出品質優秀的汽車及家電產品的原動力，歸功於「勤勉」的國民性。以下這則笑話正是個例子。

日本人和法國人遭逮捕，並被判二十年徒刑。看守對沮喪萬分的兩人說：「特別准許你們每隔十年可以實現一個願望。無論什麼願望都好。那麼，為了最初的十年，你們想要什麼東西？」

日本人要求了一千本書籍。法國人要求了一千瓶葡萄酒。

十年過去了，看守前來。看守再度尋問兩人，為了接下來的十年，此刻想要什麼東西。

日本人又要求了一千本書籍。法國人要求了開瓶器。

這則笑話的主人公是注重享樂又有點愚蠢的法國人，被描述為勤勉奮發的日本人依舊是配角，只是，此處的配角似乎太帥了點。

作者在羅馬尼亞曾幫人家採收過葡萄。最初因難得有這種新鮮體驗，倒也做得很愉快，不過，其他羅馬尼亞人仍悶聲不響地繼續工作著時，作者竟然第一個感到厭煩了。

作者坐在田地一旁休息時，有人半開玩笑地說：「奇怪，怎麼會這樣？我聽說日本人是全世界最勤勉的，本來還期待你能幫很多忙，怎麼身為日本人的你竟然第一個偷懶了？這樣一來，不是讓人家分不清究竟哪邊才是日本人嗎？」

除了汽車和家電產品，近年來，漫畫和電視節目等日本的軟體也逐漸在全世界嶄露頭角。某一年，作者接受招待，住宿在波赫的首都塞拉耶佛市內某家庭。那家庭的孩子，大的十歲，小的兩歲，總計有四個孩子。孩子的房間堆滿了色彩鮮豔的「pocket monsters」（神奇寶貝）商品。

當媽媽的一面苦笑，一面向作者抱怨：「我無論如何也要向你這個日本人發發牢騷。為了『pocket monsters』，孩子老是纏著要買商品，不讓孩子看電視，他們就會大哭大鬧，每天都很辛苦呢。」

只是，媽媽口裡雖在抱怨，卻明顯可以看出她臉上掛著和平幸福的笑容。

在這個據說犧牲者多達一萬人以上的塞拉耶佛市，在這個市民好不容易才獲得安穩的平凡日子中，原來日本動畫也占了一席相當重要的位子。

倘若對孩子來說，漫畫是一種世界共通語言，那麼，大人的世界共通語言應該是體育。

據說作者訪問南斯拉夫聯邦（當時）的首都貝爾格萊德時，占居民大半的塞爾維亞人頻頻問作者：「你是日本人嗎？你是不是Nagoya出生的？」

看到作者點頭後，眾人均欣喜萬分，接著大聲呼喊：「Nagoya, Stojkovi！Grampus! number one!」

「Stojkovi」是塞爾維亞足球運動員積根．史杜高域，他是南斯拉夫和塞爾維亞足球史上最優秀的球員之一。曾在日本職業足球聯賽「名古屋鯨魚」（Nagoya Grampus）大展身手，留下光榮的歷史，是全球著名的球員，更是塞爾維亞人的英雄。現任日本職業足球聯賽名古屋鯨魚的主教練。

二〇〇一年十月，史杜高域的退役比賽在豐田體育場演出。那是一場非常漂亮的對戰，一方是他在南斯拉夫時代曾擔任隊長的「貝爾格勒紅星」，另一方是他在日本時代從屬的「名古屋鯨八」（「名古屋鯨魚」的前身）。

當時作者在貝爾格勒某家酒吧的電視機前觀戰了那場比賽。身穿紅色和橘紅色的「名古屋鯨八」制服的史杜高域，出現在酒吧的電視機螢幕，臉上堆著笑容，向客滿的豐田運動場觀覽席揮手。

酒吧內擠滿了貝爾格勒市民，當他們發現了日本籍作者時，各個笑容滿面地挨近，爭先恐後地想和作者握手並擁抱。雖然作者聽不懂塞爾維亞語，卻一點也不礙事。他們熱心地觀看電視，其中甚至有人雙眼噙著淚。

作者描述的這段經歷，我也能理解。碰到這種情況，語言不通確實不是問題，重要的是彼此之間有位「中介人」，而這位「中介人」不但聞名於世，又與雙方的國家因緣不淺，難怪擠在酒吧觀看球賽的貝爾格勒市民會找作者握手並擁抱。

這類笑話的原作者到底是誰，當然無從考察。不過，我閱讀這類笑話集時，總會情不自禁暗自讚嘆原作者的幽默感及一針見血的見地。

例如以下這則笑話，參與的國家比較多，描述的詞彙卻都會令人吃吃大笑。

各國人聚集五人的話，會發生什麼情況？

美國人，會開始競爭。
英國人，會開始議論。
德國人，會以啤酒乾杯。
東歐舊社會主義陣營的人，會買一瓶果汁，五人分喝。
印度人，會去電影院。
日本人，會開始傳閱漫畫。
波多黎各人，會開始在牆上塗鴉。
西班牙人，三人在睡覺，無法聚集五人。
伊拉克人，會開始計畫恐怖活動。

北朝鮮人，一人會成為獨裁者，獨裁政權誕生。

最後再來一則諷刺美國人的笑話〈某個美國孩子的幸福假日〉。

盼望很久的星期日。學校今天也放假。

比平時晚起的我，首先打開SONY製的電視機開關。

為了看每週期待的日本動畫片。

節目結束後，再讀漫畫。但是今天不能慢慢看。

因為我要和爸爸去買萬聖節的服裝。

登上爸爸自豪的TOYOTA，一路駛往購物中心。

車上的收音機傳出一朗[20]又擊出安打，創下新紀錄的新聞。

到底是第幾次的新紀錄？

注｜[20] 鈴木一朗：すずき いちろう。Suzuki Ichiro-。

爸爸幫我買了神奇寶貝的服裝。我一定可以成為紅人。
而且對聖誕節想要的任天堂新軟件
也已經預先看了。
雖然我也很想要PRINCESS TENKO[21]的模型。

午餐吃了好吃的壽司再回家。
我又繼續讀漫畫。
爸爸開始洗TOYOTA。
好像要和媽媽一起去電影院
觀看以前就很想看的《最後的武士》。
哥哥好像騎著HONDA的摩托車去了女朋友家。
大概在傍晚練習空手道之前都在約會吧。

注｜[21] 引田天功：ひきた てんこう。Hikita Tenko-。日本著名的魔術師。

我認為，美國真是個富裕的好國家。
我很慶幸自己生在美國。
我衷心愛美國。
並且以美國文化而感到驕傲。

日本人對母語的自卑感——日語放棄論

每逢全球化浪潮湧起，日本某些專家必定會提出「繼續用日語會跟不上時代」的議論。慶應義塾大學兼杏林大學名譽教授，亦是語言社會學專家的鈴木孝夫[22]先生，稱此現象為「日語放棄論」。

明治初期，日本第一代文部大臣森有禮[23]，也曾主張：「使用落後的日語，很難吸收先進的西洋文明，日語無法讓我國進步發展，應該以英語為國語。」

所幸，日本政府沒有真的廢掉固有語言的日語，始終持續讓國民學習日語，讓日語穩坐在「日本的國語」之座。一百多

注
22 鈴木孝夫（1926-）：すずき たかお。Suzuki Takao。
23 森有禮（1847-1889）：もり ありのり。Mori Arinori。明治六大教育家之一、日本現代教育之父。

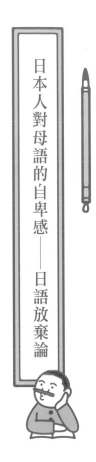

年後，日本的科學、技術、經濟急速發展，飛躍至世界五大國之一。

假若森有禮地下有知，不知會作何感想？

日本戰敗的翌年昭和二十一年（一九四六），文豪志賀直哉[24]也曾高聲主張：「發動愚蠢的戰爭並打敗的原因，在於日語本身具有的不完全性、不方便性之上，以及學習漢字的效率太低，應該以法語為國語。」

可是，日本人依舊使用「效率太低」、「不完全性」的日語，並持續高度成長，於五十年後讓國家成為世界經濟大國。假若志賀直哉地下有知，不知會作何感想？

目前的全球化可以說是第三次襲來的浪潮，果然有專家、甚至企業提出「日語放棄論」。看來，對日本人來說，「全球化」似乎與「放棄日語」同義，動不動就有人主張「必須廢日語、學外文」，這似乎是大和民族的習性。

鈴木教授以眾多民族和國民為對象，著手調查了該國國民「對自

注 | [24] 志賀直哉（1883-1971）：しが なおや。Shiga Naoya。

己的母語懷有什麼感情」的議題。結果得知，無論任何國家或民族，都對自己的母語寄予極大信賴和愛情，而且無論任何國家或民族，都有詩人或文學家歌頌母語的優美及其深度。

鈴木教授在其著書《推廣日本語教》中引用了一個例子，正是俄國文豪屠格涅夫的散文詩〈俄羅斯語言〉。

帝政俄羅斯的混亂期，屠格涅夫對俄羅斯社會的慘狀深感絕望，卻又深信憑藉母語俄語的根源力量，總有一天必定能救助俄羅斯。

在疑惑不安的日子裡，
在痛苦地擔心著祖國命運的日子裡，
只有你是我唯一的依靠和支持！
啊，偉大的，有力的，真實的，自由的俄羅斯的語言啊！
要是沒有你，那麼誰能看見我們故鄉目前的情形，而不悲痛絕望呢？

然而這樣的語言不是產生在一個偉大的民族中間，這絕不能叫人相信。[25]

前面介紹了志賀直哉的「日語放棄論」：「發動愚蠢的戰爭並打敗的原因，在於日語本身具有的不完全性、不方便性之上，以及學習漢字的效率太低，應該以法語為國語。」

而同樣身為文學者，屠格涅夫卻在陷於絕望的深淵中，高歌出他對母語的信賴與愛情，相較之下，明顯可以看出身為文學者的兩者之深度差異。

鈴木教授又提出另一個能與日本人對母語的自卑感形成鮮明對比的例子：猶太人。

第二次世界大戰後，猶太人排除種種困難，好不容易才建立自己的國家。但最困難的問題應該是如何讓已經滅亡了兩千年的母語再度復活。

注｜[25] 引用巴金翻譯的版本。

猶太人卻辦到了。這可以說是一種奇蹟，而且他們用古代希伯來語為官方語言的文字。古代希伯來語與全世界的所有文字不同，非常獨特，猶太人卻毫不考慮是否會跟世界脫節，是否會跟不上全球化步伐等問題而採用了此文字。這種態度，值得令人深思。

反觀某些自稱專家的日本人，明明有歷史悠久的固有語言，明明有如此優雅的母語，竟為了更接近「國際標準」而主張全盤丟棄。

如果把語言視為單純的溝通手段，那麼，選擇具有國際性、比較容易學習的語言當然也不錯。主張「日語放棄論」的人正是以此為前提。

猶太人卻完全無視什麼國際性，什麼學習容易不容易等問題。他們認為只有古代希伯來語才能體現出猶太人的精神核心。

以色列之所以能在政治、科學、技術方面，自如地運用英語，讓自己的國家在國際社會發揮存在感，或許正因為他們對自己的母語以及文化感到很光榮，感到值得驕傲吧。

主張「日語放棄論」的日本人，大多對母語懷有自卑感。而會對自己的母語懷有自卑感的人，通常對母語一知半解。也就是所謂的「半瓶醋，響叮噹」。

鈴木教授透過語言社會學這門學問，著作等身。他耐性並逐步地向日本讀者闡明，正是日語的特殊性形成了日本社會的風格。最顯著亦是日本人最常用的例子是人稱代詞。

第一人稱代詞是「自己」，亦即現代漢語的「我」，英語的「I」，日語的「私」；第二人稱代詞是說話的對方，亦即現代漢語的「你」，英語的「You」，日文的「阿娜達」；第三人稱代詞則為第三者的「他、她」，英語為「He, She」，日語為「彼、彼女」。

但是，英語圈的小朋友可以對著自己的媽媽說「I love you, mammy!」，這句話若要翻成日文，就不能翻成「媽媽，我愛妳」了。因為日本人絕對不會這麼說。如果要翻成日文或讓日本的小朋友來說，一定是「花子非常喜歡媽媽！」。

在此，「花子」指的是自己，也就是第一人稱代詞，相當於「I」；而「媽媽」是說話的對象，第二人稱代詞，相當於「You」。

同樣道理，父母用英語對孩子說「You must come with me」，日語卻不能說成「你跟我一起來」。要說，也會說成「太郎跟爸爸一起來」。

在此，「太郎」是第二人稱代詞的「You」，「爸爸」則為第一人稱代詞的「自己」。

簡單說來，某人用英語對某人說話時，第一人稱代詞始終是「I」，第二人稱代詞也始終是「You」，沒有其他稱呼。可是，換成日語的話，通常會以「媽媽」代替「你」，或以「爸爸」代替「我」。

在日語世界中，幾乎沒有人會用「我」來稱呼自己，也沒有人會用「你」去稱呼對方。因為「我」和「你」是一種對立關係，日本人會無意識地避開這種對立關係。

「花子非常喜歡媽媽！」或「太郎跟爸爸一起來」這種用法，正是在文法上使用第三人稱以避開「我」和「你」的對立關係。

舉個例子來說，倘若日本兒子和日本父親吵架，兒子故意對父親使用人稱代詞，大聲喊出「我討厭你」，那就意味這對父子的親屬關係已經破裂到無法補救的程度了。

日語的「阿娜達」本來就是指「彼方」，目標是「地方」、「所在」，而非人物，並和自己有距離。「sonata」（你）和「sonokata」（他）也都是指地方、所在。

即便最隨意、最不尊敬的稱呼「御前」（你，通常是丈夫對妻子或長輩對晚輩的稱呼），也是指位於「自己的前面」的所在，再加個「御」字表示尊敬而已。這是一種不直接稱呼對方，以指出對方所在的方法，間接地指出對方的語法。

英語也有這種用法，比較少用就是了。例如稱呼國王、陛下時，當面不會用「You」，而是用「Your Majesty」（你的尊嚴），背後則稱「Her Majesty」。上訴法院和高等法院法官叫「My Lord」或「My Lady」；地方法院法官叫「Sir」或「Madam」。

這是一種尊稱，英國人特別講究，美國人比較不在乎。但美國人稱呼總統時也會用「Mr. President」。現代漢語一般都以對方的職銜稱呼。而這種語法在日語中可說隨處可見，父母對孩子、兄弟姐妹之間、丈夫與妻子等等。

有趣的是，「御前」[26]和「貴様」[27]在往昔明明是一種尊稱，不知是不是過於頻繁使用，導致敬意逐漸磨損，用在現代年輕人之間就變成稱呼夥伴的暱稱，與人吵架時則為蔑稱。

話說回來，同樣不使用人稱代詞，孩子可以對媽媽說「花子非常喜歡媽媽！」，父母卻不能當面對自己的女兒說：「我也喜歡女兒！」為什麼？因為日語的親屬稱呼，有日語獨特的規則。

首先，對長輩不能使用人稱代詞。父母、祖父母、叔父姑母、哥哥姐姐，都不能當面用「你」，通常用「爸爸」、「爺爺、奶奶」、「叔叔、姑姑」、「哥哥、姐姐」等親屬用語。

此外，如果有複數哥哥，便加上各自的名字，叫成「太郎哥哥」、「次郎哥哥」以區別。換成現代漢語就是「大哥」、「二哥」了，只是日語的親屬用語中沒有「大」、「二」、「三」之類的用法，頂多叫成「大哥哥」、「小哥哥」，再多，就只能加上名字了。或許有人會說，這在現代漢語中也一樣啊。

其實不一樣。

注

26 御前：おまえ。omae。

27 貴様：きさま。kisama。

用現代漢語的話，可以當面對著大哥說：「大哥，你要不要陪我去看電影？」注意看，話裡有人稱代詞的「你」。日語的話，就會說成「太郎哥哥，太郎哥哥要不要陪我去看電影？」

前面的「太郎哥哥」是呼喚對方時用的，後面的「太郎哥哥」則是「你」的代詞。反之，對晚輩可以用人稱代詞，但不能用親屬用語。

對自己的孩子、孫子、弟弟和妹妹，以及年齡比自己小的堂表兄妹，不能用「喂，孩子」或「孫子啊」等稱呼。

例如，在餐廳，父母雖然可以對孩子使用人稱代詞，當面問孩子：「你要點什麼？」不過，通常日本人會說：「太郎要點什麼？」直接用名字會給人一種比較親密的感覺。

簡單說來，在親屬之間，對長輩不能使用人稱代詞，要用親屬用語；對晚輩雖然可以使用人稱代詞，但通常都直接叫名字。

之所以會避開人稱代詞，就像前面提過那般，是日本人在無意識中想盡量避開對立關係的心理在起作用。

父母在餐廳問孩子：「太郎要點什麼？」此時的父母是直接稱呼孩子的名字。但假如「太郎」旁邊還有一個弟弟呢？這時，父母便會改口用親屬用語，說：「哥哥要點什麼？」

父母稱自己的孩子為「哥哥」的用法，外國人應該很難理解。有關這點，鈴木教授用「親屬用語的原點移動」概念來說明日本人的這種表達方式。也就是說，將「親屬用語」的原點轉移至家族內年齡最小的人，再以「原點」的視點去稱呼對方。

父母和兄弟倆在餐廳用餐，年齡最小的人是弟弟，那麼，所有稱呼就都和那個「弟弟」統一，父母叫大兒子為「哥哥」，叫弟弟為「次郎」。

在家裡也一樣。假如家裡有祖父母，「弟弟」叫祖父母為「爺爺、奶奶」，父母便跟隨「弟弟」的叫法，叫自己的父母為「爺爺、奶奶」。鈴木教授的概念非常易懂。

我以前也覺得這問題很難解釋，不知該如何向外國人說明日本人對親屬的稱呼用法。但讀過鈴木教授說明的「親屬用語的原點移動」概念後，便完全懂了。

原來只要將視點放在家中年齡最小的孩子身上就行了。

膝下有孩子的夫婦，彼此叫成「爸爸」、「媽媽」，正是將原點轉移至孩子身上的典型例子。

日本人在職場的稱呼則和現代漢語一樣，都以對方的職銜稱呼。

對陌生人呢？日本的小朋友稱路過的中年婦女為「歐巴桑」，稱鄰居的大媽也是「歐巴桑」，稱同學的媽媽依舊是「歐巴桑」，稱自己的真正親屬姑姑、嬸嬸、姨媽等，一律是「歐巴桑」。

仔細想想，彼此又不是親屬關係，怎麼都用親屬用語呢？原來這是一種疑似親屬關係，將對方視為「疑似親屬」，稱對方為「歐巴桑」是一種敬意兼親密的表達方式。

反之，陌生中年婦女向小朋友搭話時，因為對方是晚輩，所以不能用親屬用語。這時，便可以應用「親屬用語的原點移動」，向小朋友說：「哥哥，丟落了手帕啦。」（這裡也是避開了人稱代詞的「你」。）

陌生中年婦女之所以叫陌生小朋友為「哥哥」，是設想小朋友的家裡有個弟弟，以那個「弟弟」為原點稱小朋友為「哥哥」。

外國人若想說一口很自然的日語，他必須先掌握這種「避開人稱代詞的對立關係」、「懂得分別使用對長輩、晚輩的親屬用語」、「對陌生人用疑似親屬用語」的語法。如此，才能理解並逐漸掌握日語社會中的人際關係。

反過來說，日本人若想在英語或漢語社會生活，他就必須先學會凡事都是「I」對「You」的語法，必須適應外國社會中的個人對立關係。

我覺得，讓外國人來適應日本的社會生活，大概比日本人去適應外國人的生活要難上好幾倍。至少，外國人的「I」對「You」語法不用考慮長輩、晚輩的關係，也不必介意什麼疑似親屬關係等問題，所以外國人才會那麼輕鬆愉快地和陌生人打招呼吧。

此外，「日本人很團結」這種形象，似乎已經成為一種世界性的共識。而說實在的，日本人真的非常團結。

我個人認為，這可能也和日語的特殊語法有關。

日本的漢學大師，白川靜的「東洋精神論」

明治四十三（一九一〇）年出生的白川靜[28]，於二〇〇六年過世，享壽九十六。昭和五十一年（一九七六），白川靜六十六歲時，從立命館大學文學系教授職位退休，直至七十三歲那年，才完全擺脫學校的繁雜業務。

為了貢獻日本社會，動手書寫他迄今為止的漢字研究學問集大成，除了說明漢字起源的《字統》，另有關於日本漢字訓讀的《字訓》，以及漢和詞典最高峰的《字通》，總計三部。並花了四萬張兩百字稿紙，費時十三年半，獨力完成這項偉業。

白川靜獲得「每日出版文化賞特別賞」，還獲得「勳二等瑞寶

注｜[28] 白川靜：しらかわ しずか。Shirakawa Shizuka。

章」、「文化勳章」等，可謂現代日本的一代漢學大師。

並在其著書中回述：

我們年輕時，「東洋」這個詞，對我們來說，極富魅力。因為這個詞與西洋成對比。在這之前，幕末時代的佐久間象山[29]那派人也提出「東洋的道德，西洋的藝術（技術）」。明治時代以後，另有岡倉天心[30]的《東洋的理想》、《茶書》等。之後又有久松真一[31]的《東洋式的無》。所以，「東洋」這個詞，對我們來說，是有形的實質之物。

然而，在我們正要開始研究學問的那個時代，上海和滿州竟糾紛不息，把我們的「東洋」撕得粉碎。到最後，還輸得一塌糊塗，令國家幾乎整個滅亡。現在又陷於彼此仇視的狀態。

注

29 佐久間象山（1811-1864）：さくま しょうざん。Sakuma Sho-zan。日本江戶時代至幕末時代的思想家、兵法家。

30 岡倉天心（1863-1913）：おかくら てんしん。Okakura Tenshin。日本明治時代的美術家，美術評論家，美術教育家，思想家。

31 久松真一（1889-1980）：ひさまつ しんいち。Hisamatsu Shinichi。哲學家，佛教學者。

戰敗時，因為日本敗得很慘，想要恢復原來的良好關係，光是和善看待對方是不夠的。日本這方在文化方面若沒有牢固的成就，便無法與對方平起平坐，甚至要有讓對方萌生敬意的業績，否則日本無立足之地。其實我也有這樣的心情。

這段話可以證明白川靜確實具有明治青年的氣概，也說出了他長年來專心致志於漢字研究的理由。

根據白川靜的說明，「東洋」一詞是日本人發明的。中國沒有「東洋」這個詞。中國人即便要用這個詞，也僅在蔑視日本人時才會用。

幕末時代，西洋勢力手持科學技術文明與武力湧進日本時，日本的知識分子為了維持日本固有的政治性及文化性的獨立，提出「東洋道德，西洋藝術」的概念學說。

但對當時仍是個青年的白川先生來說，「東洋」並非只是單純的概念，而是具有歷史性的實質之物，因此他打算以身作則來證實自己的看法。白川靜又說：

在東亞圈最具特色的事，便是共享漢字，大家一面共享漢字文化，又一面各自發展各民族的獨特文化，這是不爭的事實。這裡面應該有共同的價值觀。這個價值觀正是誕生東洋精神的母胎。

往昔的東洋，生存在一個理念中。所謂「東洋式」，是以德服為上，力服為下；相對於外，更重視內；視大自然非外在物質，而是與人類同等次元的生命體。這正是所謂的「東洋精神」。（東亞圈人）思考方向與其他文化圈迥然不同。透過共享漢字這事，可以得到確證。漢字是東亞文化圈最重要的紐帶。

白川先生舉出他最喜歡的詞「保真」（保全純真的本性、天性；保持原樣，使不失真）作為說明「東洋精神」的例子。

「保真」的「真」字本來是「路倒」之意。上面的「匕」字，是仰躺在地面的人形，下面意味瞪大眼睛、頭髮凌亂的樣子。在人類的各種死亡方式中，具有最可怕神奇力量的死法，正是這個死在路旁的「路倒」。因此人們不能隨意處理路倒屍體。日本的《萬葉集》中就收錄了幾首柿本人麻呂[32]為路倒屍體弔唁的和歌。

為何「路倒」會成為永恆之物？成為真實之物？因為路倒的咒力很強，甚至可以發揮到幾代以後。因此是永恆的力量，永恆的存在，於是便成為「真」這個字。

換句話說，所謂「保真」，意指大自然的力量。所謂「真」，意謂大自然的生命力貫穿永恆。雖然在人間以「路倒」形式出現，不過，其實那只是所有永恆生命的形態之一。這種力量與大自然悠久地共存著，所以古人創出「真」這個字。

白川先生的意思是，人類與大自然的生命力共存、共死。白川先生正是在這個字中發現日本和中國都具有「東洋精神」之一面，打算恢復此精神，才立志研究漢字。

遺憾的是，白川先生崇拜的「東洋」，如今，無論在政治或其他方面，都陷於「彼此仇視」的狀態，本來應該共通具有的「東洋

注 [32] 柿本人麻呂（662-710）：かきのもとのひとまろ。Kakinomoto no Hitomaro。日本飛鳥時代的人，奈良時代人山部赤人尊稱他為「歌聖」。

精神」，也變成散落一地的碎片。

例如，韓國中止了漢字教育，文章均以朝鮮文字記載。我們託電視劇的福，雖然可以聽出韓國人寒暄道好的「An-nyon」，應該是「你好」的意思，但如果韓國人寫成漢字的「安寧」，日本人或中國人不是都可以從漢字的字面體會出其語感嗎？

又例如越南，在法國殖民地時代改為羅馬文字記載，但如果越南人用漢字的「博士」來表示越南語的醫生「poshi」，日本人或中國人不是能馬上理解嗎？

不要說韓國或越南了，就連漢字母體的中國，也以讀音為主，將漢字大刀闊斧地改造為簡體字。例如「達」這個字，在「走之旁」另寫個「大」字，只因「達」和「大」在現代漢語中發音一樣。但這樣一來，日本人和朝鮮人便都無法從字面去猜測其意了。

本來，「達」字含有「羊」字，由於羊能夠迅速滑溜地生產小羊，於是含有「迅速穿過，毫無任何障礙，勢頭很強地抵達」之意。

例如日文的「達筆」[33]，意思是能寫一手流利優美的文字，「達人」[34]則指能流利處理普通人無法處理的難事之高手，這些詞都具有「流利」、「順暢」的語感。但變成「大」字後，不但語感消失了，從字面也讀不出其隱含的字義。

如此，各國廢止了漢字，或者隨意改造漢字，使得原本是「東洋共通基礎」的漢字文化變得七零八落，年輕一代的甚至已經讀不懂用漢字寫成的古典書籍。

白川先生正是擔憂此現象繼續擴大，一心一意想讓「東洋精神」復活，在漢字研究這個孤高領域，始終以堅穩步伐進行他的一人行文字遊。

中國的考古專家陳夢家先生，對西元前十一世紀以後的西周時代文字「金文」有傑出的研究，可惜在文革時期自殺身亡。繼陳夢家先生之後的唯有日本的白川靜一人，據說今後在「金文」研究這方面，無論日本或中國甚至其他東亞國家的專家，大概再也無人能

注
[33] 達筆：たっぴつ。tappitsu。
[34] 達人：たつじん。tatsujin。

超越白川先生著作的四千頁研究書了。

臺灣雖然出版了十四卷三千八百頁有關「金文」的研究叢書，不過，白川靜的論文占了其中一半。

白川先生在國際會議發表論文時，特別能引起年輕研究員的共鳴。也有澳大利亞和紐西蘭的研究人員為了引用白川靜的論說寫論文，特地向他徵求同意的例子。身為漢字研究領域的領導者，他在年輕時代所懷「要有讓對方萌生敬意的業績」抱負，想必已經達成了。

提到漢字，日本人或中國人大多認為「說到底還不是從古代中國借來的東西」，不過，日本人不像朝鮮人那般，原封不動地使用借來的漢字。

因為漢字是表意文字，何況三千數百年之間，中國人也是按時代的潮流，以不同的發音去讀不變的文字。因此同樣是「博士」這個詞，越南人要讀成「poshi」，日本人要讀成「hakushi」，其實都隨各國家的意，只要該國國民方便好用就行了。

正因為漢字有此特徵，日本人便活用此特徵，在固有的大和發音配上漢字，亦即「訓讀」，這是日本人的獨創用法。

又因為漢字有無法正確表達聲音的弱點，而且漢字最大的缺點是極為粗枝大葉，不能表達細緻的情趣及情感，於是古代日本人又想到用表音文字的平假名和片假名改善漢字的弱點。

之後，日本人便將透過訓讀法所得到的知識，巧妙地運用在和漢混淆文章中的語彙及語法上。如此，不但吸收了漢字的優點，也發揮了日本固有的大和發音的優點，兩者交織成一匹既不失優雅，又具有深度的日文布帛。自如地運用漢字的造詞法成為一種傳統，一直持續到江戶時代末期。

明治時代，歐洲的新學問進來之後，日本人更是自由自在地進行了漢字造詞。可以說正是從明治時代以後，日本人便已經完全將漢字日本化。也是自明治時代以後，日本人開始運用音讀和訓讀創造新語言。

接著是大正時代，經由梁啟超等中國學者的文章，再將這些新詞彙重新返銷至中國。

只要翻閱中國的外來語詞典，便能發現被標明為「日本語」的詞彙非常多。

光是政治領域方面，若當初沒有進口日語，現代中國也就沒有所謂的「國家」，也沒有所謂的「國民」，更沒有可以被侵略的「領土」，亦無「霸權」，也就不能「表決」了。

中國人之所以能夠學習近代國際政治和民主政治，其實是透過明治日本人創造的譯詞。換句話說，漢字確實在中國出生，卻在日本獲得新生命，步向新的成長之路。

西洋文明也是從希臘開始，之後由羅馬繼承，然後在法國和英國得到發展。就像傳遞聖火的跑者，不斷地交替傳遞者，不斷地運送聖火那般。

中國也是在三世紀的三國時代，混合了各式各樣的人種，一面打仗，一面提高了文化，只是，那以後即陷入停頓。《論語》、《史記》、《春秋左氏傳》、《三國志》等漢文典籍的代表性古典，大體上都在三國時代之前完成，之後便陷入停頓期。

白川靜認為，日本人繼承了漢字文化之後，又讓漢字文化發展至今日的程度，已經做得非常好了。全世界最理解中國文化的人種正是日本人。只有在日本才能完成亞洲式的建築。佛教傳入日本後，也變成既穩定又具有個性的宗教。

今日，西方人所崇拜的東洋式的精神、東洋式的美、東洋式的思想，無論其出生地在哪裡，都在日本完成。

我想，白川靜老師之所以不懈地埋頭於漢字文化學問，應該也是為了更接近「完成式」的位置吧。

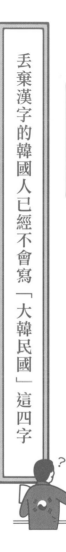

丟棄漢字的韓國人已經不會寫「大韓民國」這四字

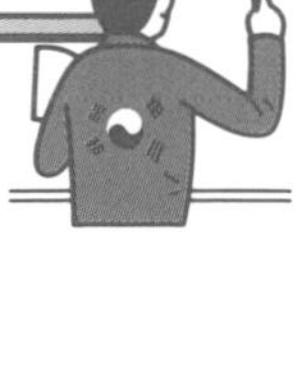

日本著名的評論家吳善花女士在雜誌寫了一篇很有趣的文章。內容是針對素有「世界第一的學歷社會」之稱的韓國，內部與外在的形象完全相反，「知性的崩潰」現象非常嚴重。

平常多看韓國電視節目或網路新聞的人，大致都知道韓國是個應試戰爭非常激烈的國家。激烈到考生怕遲到，竟然可以把救護車當作計程車的程度，而且韓國的社會風氣也容許這種行為。

大學入學考試當天，為了讓考生集中精神應考，會場附近的飛機均不准起飛也不准降落，甚至連馬路都禁止通行。由此可知，韓國社會對學歷的偏見根深蒂固，大學升學率在韓國頂峰時的二〇〇八年，高達百分之八十三點三。在

ＯＥＣＤ加盟國中屬最高水準。

教育熱從年幼期便開始準備，大多數家庭都花巨款在私塾。一九九七年，小學的英語教育成為必修課程，初等教育水平的學習成績在國際上也很高，根據國際教育到達度評價學會，以小學四年級為對象的調查中，在五十國家內，韓國小學生的算術水平居第二名，理科居第一名。只是，隨著當事人的成長，水平也會跟著下降。

英國的教育專業雜誌《泰晤士高等教育》發表的「二〇一三年世界大學排名」，東京大學排在第二十三名，韓國首爾大學是第四十四名。二〇一二年則為東京大學排在第二十七名，首爾大學排在第五十九名。

再往前看，首爾大學的排名更差，分別為第一百二十四名、第一百〇九名；而東京大學始終固定在三十名左右，二〇一一年是第三十名，二〇一〇年是第二十六名。

至於諾貝爾獎得主，除了金大中前總統的和平獎，沒有任何一人獲獎。韓國人似乎認為只要學歷到手即可，深度的學習對人生沒有意義。吳善花女士說，在韓國的書店只能看到挑選參考書的學生，幾乎看不到社會人士的影子。

事實上，韓國人確實被揶揄為全球讀書量最少的國民。根據韓國統計廳的調查，四成以上的韓國人，一年中不閱讀任何一本書，平均讀書量則是五點三本。日本和韓國的調查方法也許不同，不過近年來被指摘「脫離閱讀」的日本人，年間至少也讀了約十九本。

吳善花女士說她第一次訪問日本時，看到眾多日本人願意花時間去閱讀與工作領域毫無關係的書，一般人也把歷史書和文化書當作基本教養而熱心購買、閱讀，這事令她很吃驚。

她認為，造成韓國此現象的最大原因正是「廢止漢字」政策。韓國的學校於一九七〇年春季廢止了教學生學習漢字。那以後的世代都是「朝鮮文字專用世代」，將近五十年後的今日，約八成的韓國國民只看得懂朝鮮文字。

韓國的電腦鍵盤的空白鍵一旁，到現在仍有漢字轉換鍵，不過，年輕世代幾乎不用漢字轉換鍵。

朝鮮語的詞彙中，源自漢字的「漢字語」約占七成。如今這些「漢字語」都被表音文字的朝鮮文字代替，就像寫日文時全部用平假名書寫，理所當然會發生許多無法判斷其真正意思的同音異義語例子。

若是表意文字的漢字，即便出現不懂的複合詞或慣用語，也大致抓得住意思，但表音文字的朝鮮文字就完全沒轍了。

雖然也能把比較難懂的詞彙轉換為簡單的表達方式，例如「費盡心思」，可以比喻為「為了解決問題而努力」，但如此一來，文章或會話都會變得很幼稚，一些無法改變說法的抽象概念就更難理解了。

書籍中若出現許多漢字，「朝鮮文字專用世代」會將之看成是外星文的堆砌，全部略過不讀。再將剩餘的前後文連貫起來，然後自己覺得已經理解了書中的內容。於是便會逐漸失去閱讀的興致，讀書量就會銳減。

更可怕的是文化斷絕。由於讀不懂古典文學和史料，連大學的研究人員都讀不懂指導教授於六〇年代寫的論文，問題相當嚴重。

雖然韓國社會有時會針對漢字的復活問題而議論紛紛，但據說主張「保護全球最出色的文字」的朝鮮文字至上主義者會出面反對，因此現況是已經沒有能教導漢字的教育人材了。

不要說自己國家的總統名字「朴槿惠」，根據過去的調查，有百分之二十五的大學生就連「大韓民國」的漢字也不會寫了。

吳善花女士最後總結說：「每逢日本人獲得諾貝爾獎時，韓國人便會大罵『日本是用錢買了諾貝爾獎』，既然有那樣的空暇大罵日本，何不認真地考慮一下丟棄漢字到底會帶來什麼後果？」

日本作家豐田有恒[35]先生在其著作《韓國不能復活漢字的理由》如此陳述：

> 韓國的漢字複合詞，並非起源於中國，而是在日本統治時代隨著日語被帶進。明治時代以來，日本熱情地致力於吸收歐美文物，不僅研究出「論理」、「科學」、「新聞」等多數譯詞，這些譯詞不僅在韓國，連漢字本家的中國也採用了，這事廣為人知。

注 | [35] 豊田有恒：とよた ありつね。Toyota Alitsune。

例如，日本人引進歐美的鐵路時，研究出許多和鐵路有關的用詞，而日本人在朝鮮舖鐵路時，當然也會用這些詞。也因此，朝鮮的鐵路用詞和日本相同是必然的。許多用詞都從日本進口，再以朝鮮語的漢字讀法配音，所以韓國有很多用詞的發音和日語相似。

豐田有恒先生指出，目前韓國使用的漢字用詞，有八成以上是日本製。尤其在政治、科學技術、企業經營、體育等領域，都在日本統治時代以日新月異的速度趨向近代化，這些領域的專業術語大部分起源自日語。韓國人借用這些近代化的用詞學習了近代科學技術，也學習了近代式企業經營。

從科學技術、企業經營，交通到法律、政治等，所有和近代化有關的用詞幾乎都是日製漢語。在這種情況下廢止漢字，再以朝鮮文字記載，到底會變成怎樣呢？

由於朝鮮語有許多漢字的發音都一樣，比日語還多，結果會變成全部都是同音異義語。比如，朝鮮語的「長」、「葬」、「場」這三個漢字的發音相同，於是，「會長」、「會葬」、「會場」的發音也就全部一樣。結果，「會長到會場參加會葬」這句話，除了「到」和「參加」發音不同，其他三個複合詞的發音就都一樣了。

若是口語，應該還聽得懂，但用於書面，便無法正確傳達事物。倘若一本小說中有數不清的同音異義語，誰還有耐性讀下去？難怪吳善花女士說韓國人不讀書，文章和會話都變得很幼稚。

就像我前述舉的例子「貴公司的記者搭乘火車回公司了」那般，「貴公司」和「記者」、「火車」、「公司」的發音都一樣。這樣叫人如何從文章的前後文去判斷意思呢？

不過，這樣的書竟然也能一年閱讀五本，不能不說很厲害。而將現代朝鮮語的書籍翻譯成漢語或其他國家文字的譯者，應該更厲害。

戰後不久的一九四八年，李承晚總統發布「朝鮮文字專用法」，限制使用漢字。他徹底實施反日教育，徹底到「電線桿那麼高，郵筒那麼紅，全都是日本人的錯」的程度。

「朝鮮文字專用法」規定，「大韓民國的公文必須用朝鮮文字書寫。但是，在短期內，必要時仍可使用漢字」。

日本統治時代，日本政府在韓國推廣漢字、朝鮮文字混合的文字教育，因此漢字被誤解為「日本帝國主義的殘渣」，成為抵制對象。朝鮮文字則被捧為民族的象徵符號。

豐田有恒先生在《韓國不能復活漢字的理由》一書中說明，稍微花點心思去查閱歷史，便可得知朝鮮在日本統治時代之前，本來將朝鮮文字蔑視為缺乏教養的女子及兒童使用的「雌文字」、「兒童文字」，而讓這些文字提高地位並普及於民間的正是日本統治時代的教育方針。若真要驅逐「日帝的殘渣」，首先應該放逐朝鮮文字才對，而不是只拿漢字出氣。只是，假若真放逐了朝鮮文字和漢字，朝鮮民族會成為沒有文字的民族。

到了朴正熙總統時代，更變本加厲地抵制漢字。朴正熙不顧國民的反對，簽訂「韓日基本條約」，但他為了避開「親日」形象，於一九七〇年廢止學校所有課程的漢字教育，當作一種反日態度。

然而，此舉似乎只是裝個樣子給國民看罷了，因為他讓自己的股肱之臣總參謀長李在田當會長，成立了「韓國漢字教育推進總聯合」，首先在軍隊內讓漢字教育復活。並以接受學界、言論界的抗議之形式，讓中等教育恢復了漢字教育。

不料，之後又遭遇朝鮮文字至上派的反擊，於是一下子實施漢字教育，一下子又廢除漢字教育，朝令夕改，導致國民有些世代接受了漢字教育，有些世代又沒有接受漢字教育，形成世代間的文字代溝。

本來當作「反日」政策之一的漢字肅清活動，竟然愈做愈起勁，到了最後，變成所有起源自日語的漢字複合詞全被列入罪惡名單內。韓國的「國語審議會」的「國語純化文化委員會」，製作了「日語風格生活用詞純化集」，試圖將七百個「近似日語」的詞彙「純化」為朝鮮語。

例如，將月台的「檢票口」改為「給看車票的地方」，將火車「道口」改為「越過去的地方」等。用文章來說明，就是將一句「出了檢票口再通過道口」，改為「出了給看車票的地方，再通過越過去的地方」。（以上的文章說明都以中文為例子。）

只是，即便將「反日」當作信條的韓國人，大概也無法每天重複說這種磨磨蹭蹭的會話。也因此，「純化」以失敗告終。

豐田先生在書中說：「正是漢字、假名混雜文，提高了日本人的教養和國民的生活文化水平。」

譬如英語單字的「Cetorogy」，據說除非專業學者，否則美國和英國的一般人，普遍看不懂這個單字。但在日本，只要讀過初中，看到「鯨類學」這個詞，大致都可以聯想到「和鯨魚有關的學問」。

又譬如「Apiculture」這個單字，一般美國或英國人可能完全看不懂，若用日語說「養蜂業」，對方便能理解為「養蜂的工作」。

日本幕末時代之後的先人，正是如此努力並充分地活用漢字的造詞能力，以一般大眾也很容易理解的形式，構築了近代學問、政治、科學技術的體系。

中國和朝鮮均透過日語學習近代學問。例如在「中華人民共和國憲法」這段句子中，漢語獨創的單詞只有「中華」這個詞，其他的「人民」、「共和國」、「憲法」全源自日語。

中國接受了日語，朝鮮其實也在日本統治時代普及了漢字、朝鮮文字混雜文，國民好不容易才邁出趨於近代化的第一步，卻因政治思想的激情，將之視為「日帝的殘渣」，主動拒絕近代化。

只要比較中國和韓國在國際舞台上的步伐，便可以明白到底哪一國比較理智、聰明。

農耕民族與騎馬民族之差異——日本人永遠無法理解中國人

中國是以漢民族為主體的純血統國家，日本是以外來民族為主體的混血國家，卻因為在地理上是鄰居，又因為同樣使用漢字，導致雙方的老百姓始終誤以為兩個民族是「一衣帶水」、「同文同種」。

坦白說，即便在文明學上是同一個「種」（父親），孕育的母胎（生長環境）不同的話，那就是百分之百的「異文異種」了。

最近我又發現一件事實，原來只有日本某些上了年紀的人才會用「一衣帶水」、「同文同種」這種含有政治味道的口號，中國人根本毫無「同文同種」的觀念。這點從雙方使用的語言也可以看出，畢竟漢語和日語，完全沒有血緣關係。

看看使用拉丁文字的歐美諸國吧。他們會彼此說「我們是同文同種，所以我們要對彼此好一點」這種話嗎？「一衣帶水」也不能再誤用下去了。「一衣帶水」指的就是長江，比喻狹小的江面間隔，後來泛指地域相近，僅隔一條河道。而日本與中國，明明隔著一大片無邊無際的汪洋大海，怎麼可能是「一衣帶水」呢？

既然如此，日本某些位於高位的人，為什麼會用「一衣帶水」、「同文同種」來對日本老百姓進行洗腦呢？其實這兩個詞，都是在一九七二年中日兩國邦交正常化之後才逐漸傳播開來的。說穿了，就是一種政治性口號。

有關這點，日本作家陳舜臣先生說明，是日本人誤用了秦始皇的「同文同軌」這個詞。秦始皇的本意是國家統一之後，文字和法制都必須相同；「車同軌，書同文」的「同」字是動詞，日本人卻誤以為是形容詞，才會創出「同文同種」這種荒謬詞句。若要論字義，「同文同種」相當於「連民族也要統一」的可怕詞句，是一種「讓特定的民族與信仰消失無蹤」的「民族淨化」、「種族清洗」思想。讀了陳舜臣先生的說明，我才如「眼睛掉下了魚鱗」，恍然大悟。

日本是四面環海、魚貝類豐富的地方，日本人的祖先主要靠魚貝類攝取營養，但中國大陸是遼闊平原，畜牧興盛，漢人必須靠動物食攝取營養。漢人好吃豬肉，日本人卻是明治時代以後才開始吃獸肉，這兩種民族當然有很大差異。

孔子的第七十五代直系子孫，目前正致力於中日文化交流的孔健先生，在他的著述《日本人永遠無法理解中國人》一書中，便把中國人比喻為騎馬民族，日本人則為農耕民族。

據說，某位在日本經營中式餐廳的日本人老闆，曾對孔健先生說：「我們餐廳有一位半年前來工作的中國人青年。因為他剛來日本，經濟上很困窘，所以我們決定讓他來工作。他完全不會說日語，我們費了很大心思才讓他學會餐廳服務員的工作。正在想，他總算習慣了，萬萬沒想到，他最近竟然突然跳槽到鄰家餐廳。」

原來這名青年知道了隔壁餐廳的鐘點費比現在工作的餐廳多了一百日圓，於是馬上去面試，並當下決定跳槽。而且毫無一句「對不起」、「不好意思」之類的道別話。跳槽後第二天，見到前任老闆時，還一副若無其事的樣子向他打招呼。

當對方做出的行為不在自己的「常識」範疇內時，會發火也是人之常情。可是，這個「常識」範疇，本來就依文化不同而有別，也因此在異文化之間才會產生摩擦。

孔健先生說，理解中國人的關鍵字之一是「騎馬民族」。騎馬民族必須每天移動，尋求獵物。若只待在一處，當該地的獵物竭盡時，騎馬民族便會餓死。因此，對騎馬民族來說，經常移動至獵物豐富的地方是理所當然的事。

孔健先生的妹婿是個手藝高超的廚師，不過，孔健先生每次和妹婿見面時，總發現他老是在跳槽。問妹婿為什麼會這樣，妹婿說，「我經常被挖去當開張廚師長」。

餐廳新開張時，會想辦法請來手藝高超的廚師，並在三個月之內建立起「那家店很好吃」的名聲。孔健先生的妹婿正是時常被挖去當開張廚師長，三個月過後，再去另一家餐廳當開張廚師長。如此以數個月為單位，從這家店跳到另一家店，一面移動，一面磨練經歷。

我理解孔健先生的妹婿的做法，這和西方人相同。據我所知，臺灣人似乎也是這樣。但是，在日本，無論餐廳經營者或廚師，都是農耕民族氣質。老闆會長期待在固定一處，持續經營餐廳，努力增加粉絲客及熟客。廚師也會長期待在固定一處，盡量磨練本領。

日本之所以有創業幾十年，甚至有幾百年的老店家招牌，正是同一廚師在同一家老舖子做了幾十年的例子。廚師會在同一家餐廳培育新廚師，待自己退休後，再讓新廚師頂替自己的位子。老闆也會細心培育下一代，讓他成為第二代、第三代老闆。

在這種農耕民族世界中，老闆會提供工作量以上的工資給新手，花幾十年的時間，培育出一流的廚師。這正是日本自江戶時代以來的傳統做法，也就是「終身雇用」體系。

廚師還未出師之前，餐廳老闆先付出金錢上的「投資」，待對方出師後，再讓對方做「酬謝性效勞」。也就是說，即便廚師的手技已經熟練到一流程度，也不會跳槽，終身都在同一家餐廳工作。如果廚師想自己開店，老闆便會「分門簾」（分字號）給廚師，彼此跨進互相幫助的關係。這是必須花費數年或數十年的一種長期利益交換的社會結構。

前述那位日本人老闆正是在不自覺中將日本這種社會結構列入他的「常識」範疇。但那名中國青年根本沒有這種農耕民族文化根基，才會被視為「不合乎常理」。另一方面，騎馬民族的利益交換則在每一次交易的瞬間成立。因為不知道彼此於下次會在什麼時候相見。

站在那名中國青年的立場來看，他目前拿的工資，應該與自己洗盤子或接待客人的勞動力相抵，對騎馬民族來說，他想移到鐘點費高一百日圓的職場，亦是理所當然的「常識」。也因此，當他跳槽後遇到前任老闆時，便能毫無內疚地向老闆打招呼了。

日本人老闆和中國人青年，都只是遵從各自的「常識」而已。只是，農耕民族的常識和騎馬民族的常識不同，才會產生摩擦。為了避免這種摩擦，我們最好於事前先做點功課，理解一下對方的「常識」與自己的「常識」有什麼不同。

一般說來，中國人與猶太人、印度人都很會做生意，甚至被公認為世界三大商人，是天生的買賣天才。不過，其商法也確實是騎馬民族特有的商法。孔健自己有過如下的經驗。

話說孔健在福建省某家商店，存著打趣的心情看著一套香港製套裝，店主笑嘻嘻說「歡迎光臨」。住在日本多年的他，不知不覺便順著逛日本商店時的習慣，一邊觸摸一邊物色商品。

由於沒有中意的商品，於是打算離去。不料店主竟臉色大變地問：「客人，你不買嗎？」孔健先生回說：「嗯，沒有中意的。」結果最初笑嘻嘻迎客的店主竟勃然大怒地說：「不行啊。你摸了，衣服髒了賣不出去。你得給我摸費。」

騎馬民族經常移動以尋求獵物。移動後，見到的都是新獵物，也就是新客人。正因為經常移動，今天的客人不可能成為明天的客人。他們每次遇見的都是第一次的客人。所以他們必須讓眼前這個客人買東西。若不那樣做，他們自己會挨餓。

孔健先生說：「中國商人擁有兩種面孔，一是親切的面孔，另一是即便威脅也要對方買下的面孔。有時候，就算欺騙對方也要強行銷出商品。」

又說：「中國人沒有固定客人或熟客這種觀念。說極端點，就是客人每次都不同，所以無論商品好壞，只要當下能賣出去就行了。而客人買的也不是商家的信用，客人會執拗地斟酌商品的好壞。如果商品不好，客人會徹底地討價還價。客人絕對不會信任商家。」如此騙來騙去，中國人才會成為買賣天才。

倘若在日本進行這種商法，到底會怎樣呢？商家的惡評肯定會在眨眼間便傳到村中各個角落，次日起，就沒有任何客人光顧了。

在農耕民族中，信賴和誠實是做生意的本錢，商家必須在與客人的長期來往中取得利益。據說，騎馬民族的習性也呈現在平素的言談上。因此孔健先生能以九成以上的概率區分日本人和中國人。

某日，孔健先生與日本人朋友走在新宿的人潮中。兩人看到三十公尺遠的地方站著一名東方人女性。孔健先生馬上說：「站在那邊那個穿紅衣的女性，是中國人。」日本人朋友說：「不會吧，我看，應該是日本人。」

孔健先生挨近那名女性，漢語問對方：「現在幾點了？」對方漢語答：「三點了。」。

為什麼孔健分得出來呢？原來騎馬民族習性的中國人，由於經常警戒周邊，所以很會轉動眼睛。因為騎馬民族不知道敵人什麼時候會來襲擊，因此必須東張西望，眼睛不能疏忽。

他們會在不自覺中尋找獵物，尋找有沒有東西自天而降。這正是騎馬民族的習性，若不這樣做，可能無法活到明天。

日本人是農耕民族，遇見的人都是同一村裡的人，由於沒有敵人突襲，也就毫無戒心。又因為沒有必要尋求獵物，也就不會東張西望。

農耕民族的日本人的觀察力，通常用在觀看農作物的狀態，或敏感地捕捉季節替換時期的大自然變化。和歌、俳句等有季節性的季語，商家每逢換季都會更換店內的裝飾，一般家庭也會更換窗簾或座墊等，都是基於這種習性。也因此，毫無戒心的日本人在海外很容易成為扒手和強盜的獵物。

騎馬民族雖然每天都會遇見新認識的人，不過，對方到底是敵人，或是即便欺騙也能強行推銷商品的冤大頭，亦或千載難逢的夥伴，這點就不清楚了。

是敵人也好，是夥伴也好，是冤大頭也好，最初親切一點準沒錯。中國人對初次見面的人表現出親切態度，正是心懷戒心的表露。

數千年以來，中國大陸屢次遭北方騎馬民族侵略並被征服。漢民族自己也經常發動內亂或內鬥。始終重複著一個王朝奪取了天下，又會被下一個王朝打倒的歷史。世界上有許多騎馬民族，不過，類似漢民族這種不斷在激烈鬥爭中翻滾的騎馬民族，應該很少見。

反觀日本人，住在大自然資源豐富的日本列島，數千年來都生活在和平的日子中。有時也有戰爭，但是，比起中國大陸的戰亂，頂多是「內部糾紛」而已。世界上有許多農耕民族，日本人可能是最典型的農耕民族。

儘管某些人高唱「同文同類」、「一衣帶水」的口號，騎馬民族和農耕民族畢竟不同，卻必須終身為鄰。世界雖寬廣，如此外表一模一樣，性格卻迥然不同的鄰人關係應該也很稀罕。

明白了農耕民族與騎馬民族的差異後，再來考慮日本人與中國人到底該怎麼交往才好的問題。

中國人懷有自己是世界文明中心的「中華思想」（中國中心主義），比較缺乏主動理解其他民族文化的積極心，也缺乏尊重其他民族文化的態度。而日本人缺乏從狹窄日本列島走向外面的經驗，導致不懂得該如何與鄰人交往。

可是，現在是全球化時代，交通和通訊發達，世界的距離縮短。照這樣繼續下去，地球很可能會變成一個小村落。

看看那些全球化品牌的企業怎麼經營公司的？例如TOYOTA、IBM、7-Eleven、麥當勞，都是提供質量良好的商品及服務，浸透到地球各個角落的企業，以全球化品牌統治這個世界市場。所謂名牌，正是對顧客的信用。

農耕民族非常重視商家與顧客之間的長期信賴關係，這種經營態度，不正是跨國公司踏上成功之路時不可缺少的條件嗎？

前些天在網路看到一則令人驚訝的故事。據說某位住在横濱的日本人社長，既不會說漢語更聽不懂漢語，家人當然也不懂漢語，卻特地將兒子送進「中華學校」。

他在接受採訪時說：「其實橫濱的中華學校有『臺灣系』和『大陸系』之分。我們把兒了送進『臺灣系』的中華學校。感覺這樣的決定是正確的。」

兒子的同學不是大使館的兒子就是藝術家的孩子，在兒子還未熟悉學校環境之前，兒子的同學家長便經常邀請他們去參加家庭派對。

既然是臺灣系的家長開家庭派對（我想，大陸系的也應該差不多），飯桌上肯定擺滿了吃不完的大餐。

果然沒錯，那對社長夫婦每次到兒子的臺灣人同學家參加派對時，總覺得很不好意思，甚至考慮婉拒。

我理解他們的感覺，這正是一般日本人的想法。日本人會認為，人家請我們吃了這麼豐富的大餐，我們下次就得請人家吃更豐富的大餐。如此想來想去地鑽牛角尖，鑽到最後，就會想，或許我們沒有能力在下次請人家吃更豐富的大餐，那乾脆婉拒對方的邀請好了。

所幸那位日本人社長並非一般日本人，否則也不會把兒子送進中華學校。他接受了幾次邀請，摸清了臺灣人的氣質後，說：「正是日本人會考慮到『下次應該怎樣怎樣』，所以才會在不自覺中於彼此之間砌了一道牆。若用Give-and-take來比喻，他們都是先Give，完全沒有Take的意思。我們也不用去考慮下次應該怎樣怎樣，反正先吃再說，只要我們吃得滿足，他們就會覺得很滿足。」

我認為這位社長說得很正確。若彼此不是生意上的關係，那無論接受臺灣人或大陸人請你吃飯時，根本不用考慮「下次該怎麼還對方」的問題，總之，先吃再說。即便你沒有能力請對方吃更豐富的大餐，對方也不會認為你不夠意思或小氣。

當然，我是針對「請吃飯」這個問題來看的。至於其他問題，例如，婚禮的紅包或葬禮的白包、回禮之類的問題，我就不大清楚了。

我感到驚訝的是，那位社長說，三年前起，橫濱的中華學校在日本人家長之間很有人氣，現在都要抽籤才進得去。為什麼有人氣呢？因為在學校講漢語、英語，在家裡則講日語，而且可以讓孩子從小便與外國人、異國文化接觸，一舉兩得。

我只能說，不愧是橫濱。

根據我的交友經驗，我覺得，橫濱人在各方面都很先進，尤其國際感覺比一般日本人突出。難怪他們會爭先恐後把孩子送進中華學校。

我想，這些人的孩子，將來一定可以打破騎馬民族與農耕民族之間的那道牆。就算無法打破，也會鑽個可以讓彼此自由進出的洞吧。

稱呼用語篇

如果你問日本人：「你愛人好嗎？」對方絕對會皺起眉頭，內心暗罵：「你管我愛人好不好？我愛人甘你什麼事？」

同樣是「愛人」[1]，在中國大陸地區指的是正式結婚的配偶，亦即丈夫或妻子；在臺灣地區或其他華人地區則與「戀人」、「情侶」、「伴侶」同義。韓國也有「愛人」這個詞，意義與漢語一樣。

但在日文世界中，「愛人」專指「非婚姻關係」並「長期有肉體關係」的情婦或情夫，也就是漢語的「小三」、「二奶」或介入他人婚姻的「第三者」。

若以動作表示，只要豎起小指，對方便能明白意思。

注｜[1] 愛人：あいじん。aijin。

あの二人[2]は愛人関係[3]だ。（他們兩人是情夫情婦的關係。）

あの女[4]は彼[5]の愛人だ。（那個女人是他的情婦。）

假若是男方的「愛人」，往昔另有「二號」[6]（二號夫人）或「妾」[7]（小老婆、姨太太）的別稱。

日本幕末時代便已將英文的「honey」、「lovers」、「sweet-heart」等詞翻譯成「愛人」，戰後再逐漸以「愛人」替代了以往的「情婦」、「情夫」等稱呼。總之，無論用「愛人」或「二號」，均有藐視之意。

國稅局之類的政府機關，由於不能使用蔑稱的「愛人」稱呼，都將「小三」、「二奶」稱為「特殊關係人」。

注
2 二人：ふたり。hutari。
3 関係：かんけい。kankei。
4 女：おんな。onna。
5 彼：かれ。kare。
6 二号：にごう。nigou。
7 妾：めかけ。mekake。

據說，經驗老練的酒吧老闆娘能在第一眼便看出酒客帶來的女子到底是正房或愛人。通常看兩人之間的談話態度和舉止，但似乎也能從長相看出。

若要粗略分類，秀麗派是正房，豔麗派是愛人。如果拿日本女演員做比較，石原里美[8]、深田恭子[9]、田中美奈實[10]、矢口真里[11]等人是正房臉；蒼井優[12]、富永愛[13]、板野友美[14]、黑木美沙[15]等人是愛人臉。不知正確與否？可我左看右看，總覺得蒼井優是正房秀麗派。

說實話，往昔的我，相當嚮往「愛人」這種身分。為什麼呢？因為「愛人」至少要比家裡的黃臉婆年輕，這表示妳若缺乏年輕的「本錢」，妳根本當不上人家的「愛人」。

況且在二十多年前，「愛人」給人的刻版印象

注
8 石原さとみ：いしはらさとみ。Ishihara Satomi。
9 深田恭子：ふかだ きょうこ。Fukada Kyo-ko。
10 田中みな実：たなか みなみ。Tanaka Minami。
11 矢口真里：やぐち まり。Yaguchi Mari。
12 蒼井優：あおい ゆう。Aoi Yu-。
13 富永愛：とみなが あい。Tominaga Ai。
14 板野友美：いたの ともみ。Itano Tomomi。
15 黒木メイサ：くろき めいさ。Kuroki Meisa。

是不用出門工作賺錢，沒錢時，向男方撒撒嬌就行了。畢竟有能力養二奶或小三的男人，通常是有錢的凱子。

只是，時代變了，不知何時，「愛人」的本質也隨之而變。

新世紀的「愛人」不再是鄧麗君唱的那首日文歌曲「愛人」歌詞中所形容的形象了。

因為我喜歡你，這樣就好了。就算我們沒法一起走在街上，只要你每次都會回到這個房間，我願意當一個等待的女人。

現代的「愛人」不會再關在房內傻瓜般地痴痴等待男人來按鈴了。她們或許比男人更能幹，也或許有某種程度的社會地位，說不定打開錢包撒銀子的人正是女方。

她們只是不想主動鑽進婚姻籠子內吃苦，更或許有一顆很會體貼男人處境的女人心，要不然就是能燒得一手比黃臉婆燒得更可口的好菜。總之，對男人來說，她們肯定具有正妻所缺乏的魅力，否則男人幹嘛沒事冒著可能賠了夫人又折兵的危險，特地去採野花呢？

而正妻也不再是規規矩矩的樸素乖女人了，搞不好是個刷卡狂，更搞不好是個三天不換內衣也無所謂的懶女人，再搞不好就是個開口便破罵的潑婦。

我的同性朋友中，有不少人是「愛人」身分，只因為我是婚姻過來人，我從未假惺惺地勸她們要「回頭是岸」。無論浪子或「愛人」，只要回頭，真的便有「岸」可登嗎？

我很懷疑。

最近，日本各週刊雜誌和八卦雜誌爭先恐後地報導「愛人價格通貨緊縮化」內情，夜晚的風月區似乎也傳出同樣消息。

前些日子，日本《SPA!》週刊雜誌實行了日本全國「愛人市場」調查。他們請網路調查公司進行調查，以二十歲至六十歲的男女五千人為對象，再從問卷中挑出回答「有愛人」的男性，以及回答「正在履行愛人契約」的女性，總計二百四十人，再做後續調查。

調查結果得知，日本全國平均的「愛人行情」是六萬日圓，但此數字也是靠一部分的高額契約者而提高了平均數字，最普遍的是三萬至五萬日圓。「愛人價格通貨緊縮化」的傳言，似乎是事實。於是《ＳＰＡ！》週刊雜誌再對這些人做進一步的採訪。

據說，現在即便年均收入低於一般人，也能包愛人。例如在食品相關公司工作的四十二歲的某男士，一年的收入是四百五十萬日圓左右。他在一年之間就輪流換了三名愛人。包含用餐費，一個月僅需三萬日圓。

該男士說：「要點是瞄準住在父母家的女人。單身生活的女人，風險非常高。以前，我曾包了一個女人，每個月幫她付房租，後來她為了看護年老父母，必須回鄉下，結果搬家費和交通費等全由我負擔。如果拒絕，她說要通報我老婆，實在沒辦法……住在父母家的女人，生活沒什麼困苦，一個月給三萬日圓左右，便會很高興了。」

另一個目標是瞄準在惡劣勞動環境工作的女人，例如在大眾居酒屋連鎖店工作的女人。據說一個月給兩萬日圓，她們就會很高興。這種女人似乎不貪戀金錢，否則不會老待在勞動環境惡劣的同一職場。光看這個例子，我總覺得好像是社會底層人在剝削比自己更低階的人。

看來，愛人這行業已經不比往昔了。不知有沒有人願意拍一部《愛人真辛苦》的電視劇？

日本男子和華人男子筆談時，華人男子寫著：「我妻子[16]在某某公司工作。」日本男子看到這句，肯定會丈二金剛摸不著頭腦。假設彼此都是三十五歲，已婚，那麼，即便膝下有孩子，孩子恐怕才剛學會走路，怎麼可能「妻子」都在同一家公司工作呢？

原來漢語的「妻子」指的是太太、老婆，而日文的「妻子」則包括老婆和孩子。

妻子に逃[17]げられた。（我家妻子逃走了。）

注
[16] 妻子：さいし。saishi。
[17] 逃：に。ni。

這句話在華人看來，表示僅有老婆離家出走，孩子還在家。華人可能會大喊萬歲：「那有什麼關係？你就趁機再娶個年輕老婆不就好了？」

但在日本人看來，則意味老婆帶著孩子一起逃跑了，家裡只剩丈夫孤單一人吃冷飯。

妻子を養う[18]。（養全家大小。）

妻子を抱えて[19]路頭[20]に迷う[21]。（全家大小流落街頭，生活無著落。）

「妻子持ち」[22]即有家室的男人。

倘若女生不小心愛上有「妻子」的男人，恐怕會踏上不歸路。畢竟人家是「多口」，妳只有「一口」，妳有自信打贏這場仗嗎？

注
18 養う：やしなう。yashinau。
19 抱える：かかえる。kakaeru。
20 路頭：ろとう。rotou。
21 迷う：まよう。mayou。
22 持つ：もつ。motsu。

不過，日本的「妻子」用法其實和古代漢語的用法相同。

杜甫的《兵車行》開頭前兩句：「車轔轔，馬蕭蕭，行人弓箭各在腰。爺娘妻子走相送，塵埃不見咸陽橋。」這首詩文中描述的「妻子」便包括老婆和兒女了。但是，詩文中的「子」字，發音應該是很明確的三聲，而現代漢語「妻子」的「子」，發音則是輕聲。

日文的「老婆」是僅有「妻」[23]一個字。

這個「妻」，學問可大了，不但有「新妻」[24]（新婚妻子）「人妻」[25]（有夫之婦），還有男士們最喜歡的「若妻」[26]（年輕妻子）以及「團地妻」[27]（住在與鄰居不相往來的公營公寓高樓的有閒妻子，多用在色情影片或黃色小說中）。

另一個似是而非的詞是「愛妻」[28]。

注
23 妻：つま。tsuma。
24 新妻：にいづま。niiduma。
25 人妻：ひとづま。hitoduma。
26 若妻：わかづま。wakaduma。
27 団地妻：だんちづま。danchiduma。
28 愛妻：あいさい。aisai。

漢語世界中的「愛妻」，重點在「愛妻子的丈夫」，丈夫很愛老婆，心愛的妻子之意。

但日文世界中的「愛妻」則只是一種表面話，無論丈夫愛不愛妻子，妻子做的便當都是「愛妻便當」[29]。即便這個「愛妻」的地位可能比丈夫寵愛的「愛犬」[30]或「愛弟子」[31]（得意門生）還低，只要冠上「愛妻」這個詞，便不會惹來後患。

真正很愛妻子的丈夫，通常自稱或被稱為「愛妻家」[32]，也就是典型的老婆迷。

客觀說來，日本男性比較不擅長表達男女之間的愛情，因此，在旁人眼裡看來是「愛妻家」的男人，往往會自稱「恐妻家」[33]（妻管嚴）。

此外，生魚片或某些日本料理旁邊的固定配菜也稱為「妻」。例如，生魚片一定會搭配白蘿蔔絲和青紫蘇葉、海

注
[29] 弁当：べんとう。bentou。
[30] 愛犬：あいけん。aiken。
[31] 愛弟子：まなでし。manadeshi。
[32] 愛妻家：あいさいか。aisaika。
[33] 恐妻家：きょうさいか。kyousaika。

草、食用菊，壽司則一定搭配甜醋薑片，咖哩飯一旁一定有福神漬（泡菜）……這些「固定陪在主菜身邊」的配料都稱為「妻」。

雖然身分是「妻」，但作用非常大。白蘿蔔絲的主要作用是吸收生魚片的水分，並具有視覺性的色彩作用，而且可以幫助消化；青紫蘇葉則有抗氧化及解毒作用；海草能調整胃腸；食用菊可以降低血壓，也能讓人放鬆心情。甜醋薑片具有清口及殺菌作用。這些都是先人根據長年來的經驗而搭配出的「藥膳」，千萬不要小看這個「妻」。

另一個「妻」更不能小看，那就是「稲妻」[34]。

「稲妻」意謂「稲子的丈夫」。古代日本，男女戀人或夫妻都稱彼此為「tsuma」，也就是說，「夫」、「妻」的發音都一樣，不分性別。而稲子結實的時期，由於經常打雷，因此古代日本人相信是雷公讓稲子結實，稱閃電為「稲妻」，別稱「稲光」[35]「稲魂」[36]。

注
[34] 稲妻：いなづま。inaduma。
[35] 稲光：いなびかり。inabikari。
[36] 稲魂：いなたま。inatama。

古時，「稻妻」的寫法應該是「稻夫」，卻因「tsuma」這個音固定為「妻」，才演變為「稻妻」吧。

閃電是「稻妻」，轟隆作響的則是「雷」[37]。「雷」原本寫成「神鳴」，神明發怒的意思。

注 | [37] 雷：かみなり。kaminari。

舅・姑

在日文世界中，「舅」[38]指的是「公公」、「岳父」，「姑」[39]則是「婆婆」、「岳母」。

至於其他伯伯、叔叔、姑姑、阿姨、舅舅等長輩，一律稱為「歐吉桑」[40]「歐巴桑」[41]。而為了區分到底是父親這邊或母親那邊的兄弟姐妹，通常會在稱謂前加上對方的名字或住居地名。

假若父親的姐姐住在千葉縣，那就稱為「千葉的歐巴桑」；如果母親的兄弟都住在東京，那就在「歐吉桑」前加上對方的名字。

注
38 舅：しゅうと。syuto。
39 姑：しゅうとめ。syu-tome。
40 おじさん。ojisan。
41 おばさん。obasan。

正因為如此，對外國人甚或日本人來說，日文的親屬稱謂看似簡單，實則非常難懂，畢竟連鄰居的大叔大嬸也稱為「歐吉桑」、「歐巴桑」。

不過，古代漢語稱丈夫的父親為「舅」，稱妻子的父親為「外舅」，稱公婆為「舅姑」（禮記．內則：「婦事舅姑，如事父母。」），稱岳父母也是「舅姑」，可見日文漢字的「舅姑」或許只是承繼了古代漢語的用法而已。

自古以來，婆媳關係便是人際關係處理中的疑難問題。倘若能將婆媳關係處理得好，那真是人生中的最大幸福了。

無奈，現代仍有許多婆婆（甚至丈夫）認為，女子嫁到男家就必須順從婆家的家規。當婆婆（或丈夫）的總會隱藏著一種「是我兒子（我）在養妳」的優越感，卻忘了「媳婦其實也是其他父母親辛辛苦苦養大的孩子」這點。

換個立場來看，身為女婿的男子也應當努力好好對待岳父母，如此，妻子便會感覺：丈夫肯花心思去照顧、理解我父母，那他一定很愛我。可惜這些道理都是說起來簡單，做起來很難的一本難念的經。

日本著名企業獅王公司，除了生產洗劑、肥皂、牙膏等日用品，也生產藥品和化工產品。

日前，獅王公司內部的胃痛對策研究小組針對五百名有胃痛經歷的已婚男女，進行了一項「盂蘭盆會長假與精神壓力之關係」的意識調查。結果得知，有半數人對於盂蘭盆會長假必須回老家或妻子娘家探親這件事感到壓力很重。

其中，有四成的人都經歷過「嫁騷擾」[42]「婿騷擾」[43]問題，而這四成的人之中，有七成的人因此而導致胃痛。

所謂「嫁騷擾」、「婿騷擾」，意味口頭上的性騷擾發言。

例如，公婆隨意的一句：「還不打算生孩子嗎？」這句話在媳婦聽來就是「嫁騷擾」，因為這種問候似乎在責怪媳婦怎麼還不懷孕，非常傷人，可以令媳婦躲在廁所偷偷猛吞胃藥。第二句傷人的利器是「妳是不是胖了？」

最傷女婿心的問候則是：「夫妻感情還好嗎？」接著依次是：「還不打算生孩子嗎？」、「工作晉升了沒有？」、「你是

注

42 嫁ハラ：よめはら。yomehara。「ハラ」是英文「sexual harassment」的簡語。

43 婿ハラ：むこはら。mukohara。

不是胖了？」

總之，對日本媳婦和女婿來說，「孩子」和「體型」的話題是一種地雷。無論說者有心或無心，但聽者有意，於是很容易導致媳婦或女婿憋成內傷，必須吞胃藥以解憂排怒。

一般說來，縱使夫婦關係很好，但倘若與另一半的家族相處得不好，也會導致婚姻生活步入終局。其中，婆媳問題可以說是婚後最令人頭痛的問題吧。

根據日本某項調查，婆媳關係不好的原因大致有六項。

一、婆婆與媳婦的愛好不一致。
二、婆婆喜歡插嘴管育兒方式。
三、婆婆喜歡插嘴管夫婦問題。
四、婆婆老愛說些否定媳婦娘家家庭環境的話。
五、婆婆插嘴管要生幾個孩子的問題。
六、任何事都站在丈夫（兒子）那一邊。

「愛好不一致」和「插嘴管育兒方式」的得分一致，都占第一位。

其實即便同年齡的人，只要雙方愛好或興趣不一致，交往起來也會覺得很無趣。何況是年齡相差兩輪以上的同性，而且又是婆媳關係。

媳婦和婆婆當面翻臉的最大原因則是「婆婆插嘴管育兒方式」。看來，媳婦對其他事都可以忍耐，但事關孩子時，就算對方是丈夫的母親，似乎也忍不下去。

我總覺得，婆媳之間最好保持適度的距離比較好。可惜這世上有許多男性不明白這點，他們總以為「婆媳問題」並非什麼大不了的事。

我一直忘不了往昔發生過的一件真實例子。

話說有個丈夫，在親戚中是個著名的孝子，凡事都聽老母親的吩咐。當這種人的媳婦，真的很命苦。老母親病倒後，媳婦為了照顧長期臥病在床的婆婆，自己也病倒了，而且比婆婆早一步離開人世。

媳婦臨終前對丈夫說：「我很後悔沒有早點和你離婚。我嫁的人不是你，我是嫁給了你母親。」

丈夫失去了媳婦後，一面要照顧老母親，另一面又要顧著自己的生活。這時，他才理解媳婦於生前到底為他們做了什麼事。結果，這位丈夫竟遷怒到老母親身上，不但把老母親送進養老院，此後也不再見老母親一面。

這個例子的男士實在很愚蠢。媳婦過世前，他根本不把婆媳關係當一回事，還認定媳婦照顧躺在病床上的婆婆是天經地義的事，不容懷疑。媳婦走了後，即便他內心很後悔，也不應當遷怒於老母親。

我實在無法理解這名男士的心理，他這樣做，只會多出一名懷恨於黃泉的女人呀。

華人學日文時的最大陷阱，便是華人往往認為「既然日文和中文都有漢字，就算不會唸，應該也看得懂意思。」

然而，這正是雙方在筆談時，會導致誤會甚至傷害彼此感情的盲點。日文中確實有漢字，但日文中的漢字並非全盤來自古代中國。雖然許多漢字的用法都承繼了古代漢語的解釋，只是，除非有心去查字典，否則大部分現代華人大概也不甚理解該字的古時意義。

另一方，現代漢語中的名詞或形容詞，多半採用日本輸出的漢字詞彙。尤其在社會和人文科學方面的名詞與術語，大約有七成都是日本輸出的外來語與概念。也就是說，漢語世界的知識分子在高談闊論中所使用的詞彙，有七成是從日本輸出的用詞。

因此，日本人和華人用筆談討論社會問題或人文科學方面的話題時，應該比較不會出問題，若要進一步深入彼此的家庭或個人隱私時，就很可能會出紕漏了。

「娘」[44]這個字詞，在日文世界中是「女兒」、「少女」、「女子」的意思，但在現代漢語世界中則是「母親」、「媽媽」。不過，古代漢語的「娘」，一般指年輕女子，多指妙齡少女。由這點看來，日本的「娘」，用法應該承自古代漢語。

現代漢語中的「姑娘」、「新娘」、「娘子」、「嬌娘」等，也意味年輕女子；長輩或年紀比較大的已婚婦女，便冠上「大娘」、「嬸娘」之類的稱呼，依舊有個「娘」字。

有趣的是日語的「娘」字發音：musume。

據說，「musume」的「musu」源自古代日語的動詞「生」、「產」，接尾詞加上意味「女」字的「me」，之後再配上漢字的

注 | 44 娘：むすめ。musume。

「娘」，即成為女兒、年輕女子或少女。

「娘」的對義詞是「息子」[45]，兒子之意，發音也是源自古代日語的動詞「生」、「產」，只是接尾詞配上表示男子的「ko」。

而「生」、「產」的發音均根據日本神話中的「產靈」[46]神。換句話說，「娘」、「息子」都是神賜給人類的禮品，是大自然的產物，而非父母的私有財產。

「箱入娘」[47]表示足不出戶的千金小姐，對父母來說是放在箱子裡珍藏的寶物。同義詞為「愛娘」[48]。

那麼，「嫁」呢？

女兒嫁出去後，就成為別人家的媳婦，因此日文的「嫁」[49]是漢語的「媳婦」之意。不過，男子對第三者稱呼自己的妻子時，也用「嫁」這個詞。而在平成時代的年輕人網路用語中，便成為「認真在考慮婚嫁的對象」。

注
45 息子：むすこ。musuko。
46 產霊、產魂：ムスヒ、ムスビ。musuhi、musubi。
47 箱入り娘：はこいりむすめ。hakoirimusume。
48 愛娘：まなむすめ。manamusume。
49 嫁：よめ。yome。

「花嫁」[50]是新娘，「許嫁」、「許婚」[51]是未婚妻、未婚夫。

至於著名的日本古典怪談或民間傳說的「狐嫁入」[52]呢？狐狸嫁人嗎？

是的。本來是狐狸嫁人的意思，亦即在夜晚望向遠方山野時，會看到排成一串的磷火（鬼火），而古時候的日本人認為磷火是狐狸口中發出的火光，因此將遠方排成一串的鬼火，視為狐狸嫁人時，新娘坐在轎子搖搖晃晃，隨從提著燈籠陪新娘走在山野中的婚嫁行列。

但在某些地區，「狐嫁入」則表示明明出著太陽卻下雨的氣候現象。熊本縣的「狐嫁入」意指雨後出現的彩虹，愛知縣則表示下冰雹。

總之，「狐嫁入」有很多意思，依各地的風俗習慣而異。例如德島縣，視怪火為狐狸的葬禮，而非婚禮。現代日本各地的神社或地方祭典仍有不少「狐嫁入」祭神儀式。儀式目的通常

注
50 花嫁：はなよめ。hanayome。
51 許嫁、許婚：いいなずけ。iinazuke。
52 狐の嫁入り：きつねのよめいり。kitsune no yomeiri。

是祈求農作物豐收或生意興隆。

話說回來，親生母親和女兒之間難道不會陷入類似「婆媳問題」的窘境嗎？就日本來說，近幾年，「母親和女兒」的微妙關係頗為引人注目。不過，書籍或媒體報導的大多為母親仰賴女兒的例子較多，但在現實生活中，女兒成人之後仰賴母親的例子其實也很嚴重。

日本女性是八〇年代以後才開始大量進出職場，她們一面累積社會經歷，另一方面也養兒育女。但是，她們能夠讓家務和工作兩立的理由，大多在於「母親的內助之功」。

根據《日經女人在線》的調查，坐上管理職位寶座的女性，百分之十三點三是靠娘家的幫助，才得以讓工作和家庭兩立。而在金融、保險業職場工作的女性，更多達百分之二十六。

這些母親為了幫助女兒在社會上鞏固地位，每天到女兒家「免費上班」，代女兒做家務事並照顧孫子。接受調查的女性平均年齡為四十四歲，母親大約六十五歲以上。

有些老母親由於第二個孫子還未升國中，必須繼續幫女兒做家事、照顧孫子，而感到完全失去了自己的老後人生。有些老母親則因為孫子都上了國中，可以自己看家並打點三餐，不再要奶奶每天來報到後，頓時陷入空虛狀態，不知該怎麼度過往後的人生。

按理說，女人自五十歲後半至六十歲前半這段期間，是非常重要的「老後生活助跑期」。許多人在這段期間都在籌備自己的晚年生活。有人重新拾起往昔的興趣，有人找同性朋友到處旅遊，畢竟這個年代的女性還很健康。六十歲後半以後，即便想去旅遊，恐怕也去不成了。

但前述那些母親卻在這個重要的年代，忙著代女兒養孫子。等孫子長大了，自己大約也七十多歲了，到時候就算想拾起往昔的興趣或找伴去旅遊，也為時已晚。而女兒也不一定會「報恩」，因為當初全力支持女兒進出社會的人，正是母親自己。

說難聽點，是母親為了圓自己的職業婦女夢想，才會全力支持女兒進出社會。站在女兒的立場來看，她們會想：我已經圓了妳的夢想，在社會上和男人競爭，好不容易才有了現在的地位，還讓妳每天都可以和孫子見面，這不是已經報恩了嗎？

如此，悲劇便發生了。

日本在輔助職業母親這方面的社會體系極為脆弱，導致全職母親的負擔非常大，不得不借助娘家母親的力量。可是，這樣一來，等於犧牲了娘家母親的「老後生活助跑期」。

看來，無論專業主婦或全職媽媽，似乎都很辛苦。

女房・旦那

日本家庭若有孩子，通常比照兒女對父母的稱呼，丈夫稱妻子為「歐卡桑」，妻子稱丈夫為「歐多桑」，以免造成混亂。如果家裡有祖父母，一家之主的丈夫稱自己的父親或母親時，也是比照孩子對祖父母的稱呼，叫成爺爺[53]、奶奶[54]。

女房[55]＝家內[56]＝細君[57]＝妻

旦那[58]＝亭主[59]＝主人[60]＝夫

注

53 お爺ちゃん：おじいちゃん。oji-chan。
54 お婆ちゃん：おばあちゃん。oba-chan。
55 女房：にょうぼう。nyo-bo-。
56 家内：かない。kanai。
57 細君：さいくん。saikun。
58 旦那：だんな。Danna。
59 亭主：ていしゅ。teishu。
60 主人：しゅじん。shujin。

「女房」的「房」正是房間之意，「女房」原為「女官的房間」。平安時代中期以後，逐漸演變為「不用做煮飯、洗衣、清掃等家事勞動，擁有私人房間的高級女官」，或「同樣不用做家事，在貴族宅邸服侍的上級女侍」之稱，中世後期及近世初期才演變為「妻子」的稱呼。

遺憾的是，現代的「女房」必須做家事，也沒有自己的房間，所幸大半都有家電可代替往昔的體力勞動。

「家內」這個詞，只要看字面，應該可以猜得出是漢語的「內人」。「細君」則取自古代漢語。據傳，漢武帝下了一道旨意，打算把祭肉賜給朝臣，但負責分肉的官員遲遲不來，東方朔便擅自用自己的劍砍下一大塊肉帶回家。分肉官員於次日上奏皇上，皇上召見東方朔責問理由，東方朔回道：「朔來！朔來！受賜不待詔，何無禮也！拔劍割肉，壹何壯也！割之不多，又何廉也！歸遺細君，又何仁也！」皇上聽後，笑著說：「使先生自責，乃反自譽！」復賜酒一石，肉百斤，歸遺細君。

此外，日本妻子有時會向第三者自嘲為「押女房」[61]，意思是「不是丈夫求婚，而是自己硬送上門」。雖說是自嘲，但在第三者聽來，這個詞完全沒有貶義，反倒有賢妻良母的褒義。

假如男方性格內向，容易羞怯，明明很喜歡對方，卻說不出口，明明很想向女方求婚，卻缺乏勇氣開口，這時，個性比較積極的女方便乾脆主動上門，自己登上妻子的寶座。日本的傳說故事《雪女》或《鶴的報恩》，均為「押女房」的典型例子。

「旦那」本為佛教音譯用語，意思是「檀越」、「施主」。後來演變為「經濟後援人」、「資助者」，伙計稱呼商家雇主或商人稱呼顧客時都用「旦那」。到了現代，繼而又派生成妻子對丈夫的尊稱。就某種意義來說，丈夫確實是妻子和孩子的「經濟後援人」。

「亭主」的「亭」字是建築物之意，擁有一棟建築物的一家之主就是「亭主」，無論那棟「亭」是租來或買來的。妻子對外稱丈夫為「亭主」的習慣始自江戶時代。「主人」也是妻子對別人稱呼自己丈

注｜[61] 押しかけ女房：おしかけにょうぼう。oshikake nyo-bo-。

夫時的尊稱。

話說回來，日本的百鬼夜行妖怪中有一種名為「青女房」[62]的女妖，滿口用鐵漿染成的黑齒，披頭散髮，兩道眉毛粗得類似毛毛蟲，服裝是平安時代的十二單衣女官打扮，終年棲身於幽暗荒廢的古舊宅邸，每天面對鏡子精心梳妝，貌似在等待某人來訪。

「青女房」原本指進宮不久的小嫩薑女官，所以仍不會化妝。據說可能做了什麼錯事被趕出宮廷，沒臉回老家，只得住進深山，最終變成女妖。

另一個「青女房」則因疲勞過度導致雙眼充血，不停搧著手中握的那把扇子。這個女妖暗示窮神，即便不停地搧扇子（勞動），照樣操勞得雙眼布滿血絲。

前述兩種女妖好像都可以和現代的家庭主婦套在一起？

每天對著鏡子精心梳妝等丈夫回來，丈夫卻視若無睹，寧願在外面巴結小三；每天做家事帶小孩操勞得雙眼充血，仍住不起百坪豪

注 | 62 青女房：あおにょうぼう。aonyo-bo-。

宅……嗚嗚，那乾脆住進深山當女妖算了。

說到夫妻關係，新西蘭奧克蘭大學的研究人員，曾進行了一項與男女心理相關的實驗。實驗內容是：「假如丈夫全部接受妻子的主張，結果會怎樣？」

首先，研究人員實際選了幾組夫婦，只對丈夫說明了實驗規則。所謂規則，是丈夫對妻子的所有意見和要求都要點頭說「是」。即便丈夫認為妻子的主張錯誤，或對妻子的行為心懷不滿，也只能全盤接受。

如此，一面讓夫婦過著「丈夫俯首貼耳」的生活，一面記錄以十等級為指數的人生幸福度及滿足度的「生活質量表」。實驗前的男性平均指數是七，女性是八。

實驗進行到第十二天，便以預想不到的形式閉幕。因為男性的心理狀態太過嚴重，研究小組判斷，再繼續下去，丈夫會很危險。於是中止了實驗。

僅僅十二天，男性方面的「生活質量」指數從七急劇降落至三。女性則從八微增至八點五而已。研究人員感嘆地道：「倘若另一半老是贊同對方的意見，反倒對婚姻生活有害無益。」

或許有些人認為「發生口角時很麻煩」、「不想讓對方討厭自己」，而不向另一半主張自己的意見。可是，為了與對方建立良好關係，壓抑自己的主張似乎反倒會弄巧成拙，看來，在某種程度，彼此發生衝突或爭吵是必要的。

貴方・君・樣・殿・僕・俺・私

「樣」[63]是日本人稱呼對方時最常用的敬稱，也是一種間接稱謂，表示對方的所在（場所），相當於漢語的「先生」、「小姐」，但使用範圍比漢語廣。也就是說，無論男女老幼，已婚、未婚，只要在姓氏後面加個「樣」，絕對不會出錯。

「樣」再簡略一點便是「san」（桑）。「桑」是「樣」的訛音，也是目前最普遍的尊稱。

江戶時代稱呼眼前的人時，通常不會直接叫喚對方的名字，而是稱為「御前樣」[64]，意思是「眼前您這位人士」，和「樣」一樣，都是間接稱謂。

注
63 樣：さま。sama。
64 御前樣：おまえさま。omaesama。

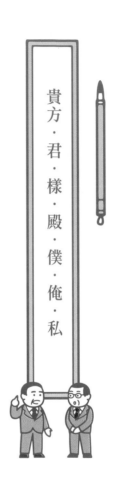

往昔稱皇室為「內裏樣」[65]，是因為他們住在宮內的「內裏」[66]，現代人稱皇室時，為了表示親近，都在「樣」前加上對方的名字。近年由於韓流風盛行，某位韓國演員的暱稱竟然是「勇樣」[67]，讓人有點啼笑皆非的感覺。

年輕女孩迷安倍晴明，叫他「晴明樣」[68]，這還有道理，畢竟對方是已過世的先祖。可是，日本中年女人迷韓國演員，叫對方為「樣」，我只能苦笑。但換個角度來看，可以迷演員迷到這種程度，也算是一種幸福吧。至少，我從未迷演員或歌手迷到會叫對方為「樣」的程度。

「樣」之後又出現「殿」[69]這個尊稱。讀過江戶時代小說的人，應該對此稱呼很熟悉，就是「大名」那類身分的尊稱。這原本也是出自建築物的代名詞，身分愈高，住的地方或房間也比一般人高，所以尊稱為「殿」。之後演變為「どの，dono」。鹿兒島方言有「お松どん，

注
65 內裏樣：だいりさま。dairisama。
66 內裏：だいり。dairi。指皇宮、內廷。
67 勇樣：よんさま。yonsama。
68 晴明樣：せいめいさま。seimeisama。
69 殿：との。Tono。

omatsudon」、「西鄉どん，saigodon」之類的稱呼，這也是一種尊稱，只是帶地方口音而已。

江戶用詞「御三don」[70]，是指在江戶城內負責掌管廚房雜事的女官，沿用到現代，變成家事一般都是「御三don」，雖然日本年輕人大概很少用這個詞。

稱呼爸爸和媽媽時的「歐多桑」、「歐卡桑」，其實也是敬稱，只不過用在父母身上時，算是一種親暱敬稱。其他類似「歐吉桑」、「歐巴桑」、「歐尼桑」（哥哥）、「歐內桑」（姊姊）的稱呼都是親暱敬稱。

萬一不知道對方的姓氏，也不明白彼此的上下關係時，那就以「貴方」[71]「貴男」、「貴女」的「阿娜達」代替。

一般說來，「阿娜達」是女生用語，也是一種尊稱，是「某位人士」[72]的訛音，男生比較不常用。往昔用在夫妻、情侶之間，通常是女子這方尊稱男子那方時的叫法，現代夫妻和情侶

注
70 御三どん：おさんどん。osandon。
71 貴方：あなた。anata。
72 ある方：あるかた。arukata。

很少用「阿娜達」了，男女平等嘛，跟中國類似，通常直接叫名字。不過在第三者面前為表示抬高丈夫（戀人）身價，會在名字後加個「桑」。

即便如此，倘若對方看上去明顯是長輩，當晚輩的便不能隨便稱長輩為「阿娜達」，這樣會變成蔑稱。

此外，男性長輩對男性晚輩用「阿娜達」時，當晚輩的人，皮要繃緊一點，因為你可能要挨罵了。

至於「君」[73]，通常是年長紳士或男性長輩對男女晚輩的稱呼。不過，男生之間彼此的立場若同等，有時也會用「君」，此時，可能有兩種口氣，一是表示親密，另一是指責、批評。女性對男性用「君」時，表示女方的立場或年齡比男方大。

但是，如果雙方認識不久，男方的年齡比女方大，女方本來稱男方為「某某桑」或「阿娜達」，途中卻改變稱呼，把漢語的「你」或英文的「you」改為「君」，那麼，恭喜你，你大概已經贏得女方的

注｜[73] 君：きみ · kimi。くん · kun。

芳心。再繼續加油，對方可能又會換成另一種稱呼。

男性對女性用「君」時，如果對方不是職場的屬下，便應該是戀人或妻子。另一種情況是男方本來直接呼喚女方的名字，卻突然改稱為「君」，這時，女方可要提高警戒，因為這表示男方已經在準備要對妳說拜拜了。

「君」字的另一種唸法為「kun」，通常連在姓氏或名字後，例如「山本君」（姓）、「桃太郎君」（名）。主要用在男生身上，尤其呼喚男同學或男性同輩、晚輩時，會在對方的姓氏或名字後加個「君」。

「君」是江戶時代的漢學者普及開的稱謂，這其實也是一種尊稱，相對的自謙稱呼是「僕」[74]。

「僕」和「俺」[75]都是日本男子的自稱，女子可能不太懂男性改變自稱時的心理變化。

注
[74] 僕：ぼく。boku。
[75] 俺：おれ。ore。

僕：主觀，弱。俺：主觀，強。僕：誠實，印象，心理不緊張。俺：自我，主張，最強，關係親密。私[76]：客觀，公共場合，普遍性，男女共通。

心理距離：私→僕→俺。

原來日本男子的自稱還隱藏著彼此間的心理和感情距離？

另一個很常見的稱呼是「chan」[77]（發音為「將」）。這是幼兒語，稱呼小孩子用「將」，小朋友稱呼長輩時也用「將」，例如稱姨媽、伯母以及長輩婦女的「歐巴桑」，小孩子通常叫「歐巴將」。男人的「歐吉桑」、「歐吉將」也一樣。

我弟妹稱呼我父親時習慣用「多將」，而非「多桑」，叫我母親時則叫成「卡將」。簡單說來，叫對方「將」時，彼此間的親密度比叫「桑」時更濃密，也更隨意。

注
76 私：わたし。watashi。
77 ちゃん：chan。

總之，日語的稱呼很麻煩，端看彼此間的關係而定；另一方，又隨彼此間的感情距離關係的變化而變化。有時連日本人自身也無法判斷，必須根據對方的口氣和表情綜合出整體印象，再看情形改變稱呼。

食衣住行篇

散髮・床屋

日本的理髮店有「理容」[1]和「美容」[2]兩種，按字面來看，前者似乎是男士專用的理髮店，後者則看似女士專用的燙髮廳。

其實兩者並非依男女之分，而是根據法律所定的業務內容而有別。「美容師法」於一九五七年實施，「理容師法」是一九四八年，前後相差了九年，在這之前，「理容」和「美容」並沒有分家。

「理容」和「美容」有何不同呢？簡單說來，「理容」可以用刀，「美容」不能用刀。

「理容師法」規定理容師透過剪髮、刮臉等服務為客人整理容

注
1 理容：りよう。riyou。
2 美容：びよう。biyou。

姿；「美容師法」則規定美容師透過燙髮、結髮、化妝等方式讓客人的容姿變得美麗。

雙方都必須於高中畢業後，再到日本厚生勞動大臣指定的專修學校接受至少兩年以上的培訓，之後再通過國家資格檢定考試，取得國家級證照後，才能正式成為理、美容師。

本來法律規定美容師不能用刀，但現代女生在化妝時也會要求刮臉，因此法律放鬆條款，允許美容師為客人進行「輕度的刮臉」服務。

雖然男士的理髮、刮臉、整容稱為「理容」，但大部分日本男士習慣稱為「散髮」[3]和「床屋」[4]。他們不會說「我要去理容」，通常都說「我要去床屋」或「我出去散髮」。

北海道、東北地方以及關東人習慣說「床屋」，關西人和四國、沖繩則說「散髮」，混合一起用的僅有秋田、福島、滋賀三縣。九州島比較複雜，三種說法都存在。大分縣用「散髮」，熊

注
3 散髮：さんぱつ。sanpatsu。
4 床屋：とこや。tokoya。

本、佐賀、長崎用「床屋」，宮城、福岡、鹿兒島則兩種混合。

也就是說，日本全國只有六縣混合一起用，其他縣均界限分明。這麼說來，日本男士只要說想去「散髮」或「床屋」，其他人便能聽得出該人到底是不是本地人了？

話說回來，古漢語也有「散髮」這個詞，例如，《後漢書．袁閎傳》裡有一句「遂散髮絕世，欲投跡深林」；唐李白《宣州謝朓樓餞別校書叔雲》詩也有「抽刀斷水水更愁，舉杯消愁愁更愁。人生在世不稱意，明朝散髮弄扁舟。」

但是，古漢語的「散髮」意味「解冠隱居」，因為古人留長髮，平時要挽在頭上，用簪子將長髮盤住。現代漢語則表示「披頭散髮」。

而明治維新時的日本，就任官職的武士階級就沒有李白那麼瀟灑。明治政府於明治四年（一八七一）頒布「散髮脫刀令」[5]，意思是「武士可以自由選擇斷髮脫刀」，唯獨穿禮服時必須佩刀。

注｜[5] 散髮脫刀令：さんぱつだっとうれい。sanpatsu datto- rei。

當時的男士們亂成一團，結果，竟然出現了跟隨潮流將長髮剪成短髮的女生，東京府只得於翌年再度頒布「女子斷髮禁止令」。明治天皇則於明治六年（一八七三）三月二十日斷髮。

據說，當天的明治天皇如常地讓侍從把頭髮盤結成髮髻，起駕至御學問所，回來時卻變成短髮，令宮內女官們看得目瞪口呆。此事經《新聞雜誌》報導出，民眾才逐漸積極地剪掉髮髻。

按理說來，天皇的頭髮向來都是貼身侍從負責，明治天皇的斷髮卻出自民間理髮師。但據說僅一次，後來就一直由侍從剪髮。

我想，當時的天皇侍從大概沒有人會剪西洋頭，明治天皇才會讓民間理髮師喀擦地剪去髮髻。那麼，明治天皇剪掉髮髻回宮那天，宮內的侍從們應該也會大驚失色，之後，連二趕三地去找民間理髮師練習剪髮吧。

據說，昭和天皇仍是皇太子身分時，才首次指定了民間理髮師當「天皇的理髮師」。

至於「床屋」，指的是斷髮之前專門為男士剃髮並束髮的理髮師。大約起源於室町時代後期，當時的武士身邊大多有隨從或下人幫忙剃髮並束髮，但庶民沒法自己把頭髮梳成「月代」[6]（前額至頭頂部的頭髮全部剃光，使頭皮露出呈半月形），只能找專家代理。

日本的理髮業鼻祖是藤原采女亮政之[7]。

龜山天皇[8]時代（一二五七—一二七四），有名京都北面武士藤原晴基，因丟失了天皇的「九龍丸」寶刀，被革職而成為浪人。他帶著兒子采女亮及家人，前往當時因蒙古襲來而風雲變色的山口縣下關，跟著一位新羅人學了剃髮束髮技術，並在下關開了一家束髮店。

這名北面武士雖淪落於民間，卻始終念念不忘龜山天皇，在店內設置了「床間」（壁龕），擱著祭拜龜山天皇的祭壇和藤原家的家傳掛軸。之後，人們便稱那家店為「有床間

注
6 月代：さかやき。sakayaki。
7 藤原采女亮政之：ふじわら うねめのすけ まさゆき。Fujiwara Umenosuke Masayuki。
8 亀山天皇：かめやま てんのう。Kameyama Tenno-。第九十代日本天皇。

的店」，再逐漸簡略為「床場」，最後變成「床屋」。

由於繼業的采女亮於七月十七日過世，因此直至昭和時代初期為止，日本全國的理髮店都將七月十七日定為休息日。

山口縣下關市的龜山八幡宮有「床屋發祥之地」紀念碑，有興趣的人不妨去看看。京都嵐山車站附近也有一間小小的「御髮神社」，奉祀的正是采女亮。

全日本只有這位神明專管人們的毛髮問題。我打算等我老得「頂上」稀疏，必須戴假髮時，再去向這位神明合掌祈求「發毛」。

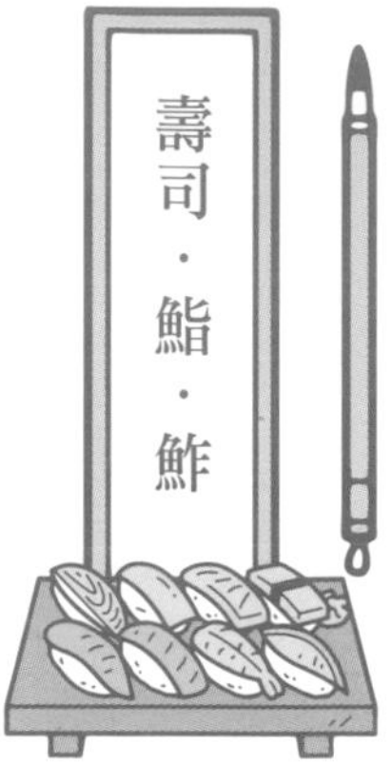

提到魚，我會馬上聯想到壽司。

「壽司」已經成為國際用詞，現代漢語寫成「壽司」，英文寫成「sushi」，看到這兩個詞的人，腦中絕對不會浮出紅燒豬肉或牛排。

「壽司」是音譯字、假借字，日本江戶時代通常寫成「鮨」或「鮓」[9]。「鮨」和「鮓」均是古代漢字。

《爾雅・釋器》記載「肉謂之羹，魚謂之鮨」，意指肉醬叫羹，攪碎的魚肉稱鮨。「鮨」也指「鮨魚」，魚類的一種。在《山海經》中則是一種魚身犬首的水獸，「其音如嬰兒，食之已狂」。

「鮓」是一種用鹽和紅麴醃的魚，也是一種用米粉、麵粉等加鹽

注｜9 寿司、鮨、鮓：すし。sushi。

和其他佐料攪拌切碎的菜，可以儲存；亦泛指鹽醃的魚。總之就是用鹽、米等醃製，讓魚肉發酵後剁碎，煮熟後進食的食品。

這兩個字傳到日本後，便混為一談，而「壽司」則是江戶時代創出的音譯詞，有「司（掌管）壽」之意，表示在喜宴吃的食品。

「壽司店」和「鮨店」、「鮓店」有何不同呢？

有人說，食材是鮮魚的握壽司稱「鮨」、「鮓」，捲壽司及稻荷壽司、手捲壽司、沙拉壽司之類的應寫成「壽司」。也有人說，僅提供握壽司的叫「壽司店」，除了壽司還提供生魚片等下酒菜的叫「鮨」、「鮓」。又有人說，關西稱「鮨」、「鮓」，關東的「江戶前」[10]壽司叫「壽司」。

有關這點，眾說紛紜，沒有定論。要是在網路的留言版和人討論，肯定會闖進一大堆路人甲乙丙丁，彼此爭辯得面紅耳赤。不過，根據統計，日本全國半數以上的店家都用「壽司」，只有兩成的店家用「鮨」，不到一成的店家用「鮓」。

注 | [10] 江戸前：えどまえ。edomae。

日本的壽司店有許多魚字旁的漢字，除非職業和壽司有關，否則一般日本人也唸不出正確發音。有些魚字旁的漢字和古代漢語早已脫節，若是日本人和中國人用筆談聊到魚字旁的漢字，多半會鬧笑話。

最常見的漢字是「鮎」[11]。

「鮎」在日本是香魚，但在中國則為一種頭大尾小、沒有魚鱗、體滑、有鬍鬚、夜行動物的「鯰」，臺灣俗稱「土虱」。

據說，日本奈良時代之前，「鮎」指的是鯰魚，奈良時代之後才變成香魚。而「鯰魚」的日本漢字卻又是「鯰」[12]，這個字似乎沒有用錯。但是，萬一有日本人到中國或臺灣的淡水魚料理店，用筆談寫著「鮎，鹽燒」，過一會兒，服務員捧出一盤大鯰魚，日本人豈不會像漫畫中經常出現的形象那般，眼睛瞪得骨碌碌，腦袋瓜四周布滿了大大小小的疑問號？

另一個魚字旁的漢字是「鮭」[13]。

注
[11] 鮎：あゆ。ayu。
[12] 鯰：なまず。namazu。

古代漢語的「鮭」原本指河豚，現代也稱河豚為「赤鮭」、「刺鮭」，但日本的「鮭」是紅肉魚類的三文魚。

其他如「鰒」[14]，原為鮑魚，在日本卻是河豚。而日本稱鮑魚的「鮑」[15]，古代漢語指的是鹽醃的鹹魚，孔子便曾說過「與不善人居，如入鮑魚之肆」。

或許，古代百濟人帶來鹽醃的海生貝類「鰒」，教古代日本人說「這是鮑」，於是，「鮑」便成為那個貴得要死的「鮑魚」而一直流傳下來吧。所幸，貴得要死的鮑魚是著名的中國菜乾鮑，日本的生鮮鮑魚並不貴。

另一個「鯡」[16]字，古代漢語是魚子的意思，日本則指背部青黑色、腹部銀白色的青魚。現代漢語和日語則似乎通用。

「鱧」[17]，康熙字典記載：「身體圓筒形，青褐色，頭扁，性兇猛，捕食其他魚類，為淡水養殖業的害魚。肉可

注
13 鮭：しゃけ。syake。
14 鰒：河豚。ふぐ。fugu。
15 鮑：アワビ。awabi。
16 鯡：亦寫成「鰊」。にしん。nisin。
17 鱧：はも。hamo。

食，亦稱『黑魚』、『烏鱧』。」俗稱雷魚或南方蛇頭魚，但在日本則是「海鰻」。兩者明明不一樣，怎麼會張冠李戴呢？

最有趣的是「海老」[18]，蝦。

蝦字，古代漢語寫成「鰕」，傳到日本後，最初也是魚字旁的「鰕」。但蝦有鬍子，又駝背，於是日本人乾脆改稱為「海老」，繼而創造出「蛯」字。

「海老」、「蛯」和「蝦」有區別嗎？當然有。

在海中游泳的櫻蝦、桃蝦之類的通通寫成「蝦」，只有在海底步行的伊勢龍蝦才有資格稱為「海老」、「蛯」。英語也有Lobster、Prawn、Shrimp之分。漢語特地加個「龍」字，也表示雖然同樣是蝦，但「此蝦」非「彼蝦」吧？

現代日本人通常把「蝦」、「海老」寫成筆劃比較少的片假名，區分不是那麼嚴謹了。

注｜[18] 海老、蛯、蝦：えび。ebi。

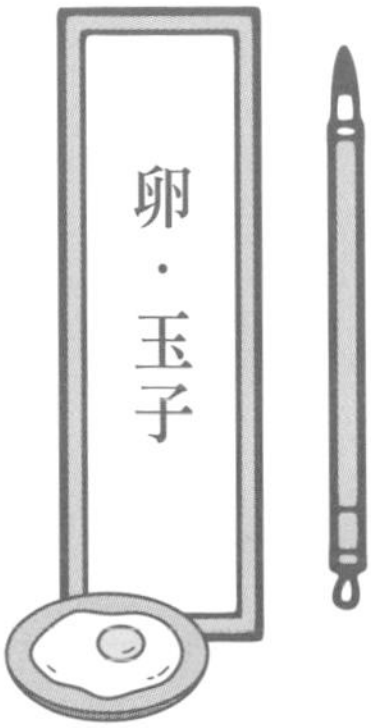

卵・玉子

「卵」和「玉子」[19]發音一樣，均指「雞蛋」，因此很容易混同一起，不過，兩者之間其實存在著決定性的差異。

「卵」是烹調前的雞蛋，亦即保持著自母雞體內生下來時的原狀，「玉子」則指烹調後的各種雞蛋料理。也就是說，帶殼的生雞蛋是「卵」，經火烹調的煎蛋、煮蛋、溫泉蛋等則稱為「玉子」。

若再將分類範圍擴大，便是所有能孵出小雞的有精蛋叫做「卵」，而一般供食用的市售無精蛋稱為「玉子」。魚類、昆蟲類的蛋也稱「卵」，不稱「玉子」。

超市賣的雞蛋，有大小不同的區分，價格也不一樣。我一直很好

注｜[19] 卵、玉子：たまご。tamago。

奇，雞蛋的S（小號蛋）、MS（中小號蛋）、L（大號蛋）、LL（特大號蛋）到底怎麼決定的？難道還要測量尺寸嗎？

查了一下，原來雞孵化後，經一百五十天左右便開始生蛋，此時生的蛋為S小號蛋。到了一百八十天前後，母雞逐漸進入最會生蛋的時期，此時的蛋為MS中小號蛋，這期間約持續一個月。

其後又會生產稍大的M中號蛋，三至四個月後再生稍大的L大號蛋，之後再生LL特大號蛋；然後產蛋率會逐漸降低。大約在孵化後五百五十天左右，蛋雞就會被淘汰。

原來如此。原來是按母雞的成長狀態分類。可是，孵化後五百五十天左右就要被淘汰，表示母雞在一歲半前後便會失去生產能力？孵化後一百五十天左右開始下蛋，那就是生後五、六個月大了。

那，一隻雞的壽命到底有多久呢？

據說一般平均能活到七至八年，不過，金氏世界紀錄中最長壽的雞好像活了十四年。而最近的新聞也報導英國有一隻母雞活了近十七歲，過去只產下兩枚雞蛋，之後再也沒有下過蛋。

除非把雞當做寵物養，否則一般人只會視雞為經濟動物，根本不會考慮到牠們的壽命及下蛋期間。若非為了寫這篇文章，我可能也不會想到要去查雞的壽命。

不過，我以前養狗狗時，每天都要帶狗狗出門到樹林內散步，那時期，曾經認識了一位「雞友」，對方也是每天帶寵物出來散步，但她的寵物是一隻五彩繽紛、非常漂亮的雞。我想，那應該不是普通的蛋雞，而是外形很像雞，卻不會飛的某種鳥類吧。

最近，每天三更半夜時分，我家遠處都會傳來雞鳴。是公雞的啼叫聲，而且只有一隻。我很好奇，便有事沒事向鄰居打聽，卻始終打聽不出到底是誰家養了寵物雞。

畢竟在這種住宅區，沒有人會養經濟性的動物，再說，雞啼聲既然只有一隻，表示那一定是養來當寵物的。說實話，我已經數十多年都沒有看過活生生的雞了。若想看，大概要到動物園才能看到。倘若近鄰有人養雞，我倒真想時常去串門子，和飼主聊一些養雞訣竅。

我家有五個貓孩子（本來有六個，最年長的老貓因病過世了），絕無可能有養雞的機會。要是我一時興起，買了剛孵出的超可愛小雞帶回家，恐怕不到半個鐘頭，我家就會發生慘不忍睹的凶殺案。而且是那種明知兇手是誰，卻不能懲治兇手的凶殺案。

話說回來，蛋雞從毛蓬蓬的小雞到成雞五、六個月大就會下蛋，平均每隻蛋雞約可下兩百個蛋，壽命也就會短了兩三年。聽說一般養雞場在蛋雞失去下蛋能力後，就會把雞賣掉或送往屠宰場。如此算來，蛋雞的平均壽命就只有一年半左右。

對人類來說，會生蛋的母雞具有利用價值。可公雞呢？據說大型工廠式農場為求產值，小雞剛孵出便將小雞依性別分類，挑出沒有生產價值的小公雞，再送往堆田區，成為其他動物的飼料……

客觀說來，蛋雞還算好命，雖然牠終其一生只有下蛋的任務，但畢竟會下蛋。最可憐的應該是肉雞，一般壽命只有短短兩三個月就祭入人類的五臟廟。

如果把雞當寵物養，雞會不會認主人呢？我以前問過養雞人家，聽說寵物雞不但會認主人，也聽得懂自己的名字，更會跟在主人身後亦步亦趨。

再回頭來看看漢語「卵」和「蛋」的差別。

《說文解字》曰：「凡物無乳者卵生。」《說文解字注》則記載：「人及鳥生子曰乳。獸曰產。此云凡物無乳者卵生。」

意思是，不需要哺乳的叫卵生。只是，光如此說明，根本不清楚到底是什麼卵呀。卵也有很多種類的呀。

再查「蛋」，《漢典》說是名詞，為「禽類或龜、蛇等所產的卵」；臺灣《國語辭典》解釋為「鳥類和爬蟲類所生帶有硬殼的卵，受精之後可孵出小動物。」《康熙字典》則為「俗呼鳥卵爲蛋」。

這麼說來，鳥類、爬蟲類、兩棲動物所生，帶有硬殼，受精後可孵出小動物的「卵」是「蛋」；沒有硬殼，僅有一層膠狀物質包覆，例如青蛙、蟾蜍類的叫「卵」。

原來人類女性的「卵巢」正是基於沒有硬殼才稱為「卵」？可問題又來了。

「以卵擊石」的「卵」，到底有沒有硬殼呢？再去網路查，總算查出來了。

「蛋」本來是流行於南方的口語，古籍中都用「卵」，沒有「蛋」，後來隨著宋以後經濟文化重心南移，再借明清《紅樓夢》、《西遊記》等白話小說的流行，把口語「蛋」吸收進小說中，於是很快便成為書面語廣傳並使用了。

如此看來，「以卵擊石」的「卵」應該是有硬殼的「蛋」。

一品・料理・野菜・青果・白湯・山菜

日文的「一品」[20]是一盤；「料理」[21]當名詞用時，是「菜餚」，當動詞用時則為「烹煮」；「一品料理」便是「一盤簡單的小吃」。「天下一品」[22]就是「天下第一」、「天下無雙」之意。

日文的「料理」起初和漢語一樣，用在「料理實務」、「料理後事」、「料理國政」上，都是「處理」、「照顧」之意，後來逐漸演變為「料理菜餚」，最後就變成菜餚的專用詞了。

「野菜」一詞，就字面上來看，似乎是「野生的蔬菜」、「自生於山野，沒有經過人為栽培的可食植物」。其實日文的

注
[20] 一品：いっぴん。ippin。
[21] 料理：りょうり。ryouri。
[22] 天下一品：てんかいっぴん。tenka ippin。

「野菜」泛指一切蔬菜，山野中自生的可食植物稱「山菜」。

「野菜」[23]俗稱「青物」[24]。如果在日本看到招牌寫著「青物屋」的商店，那就是專門賣青菜的蔬菜店了。不過，現代的蔬菜店通常用「八百屋」[25]這個詞，比較少見「青物屋」了。

日本自平安時代起便有在城市販賣自家生產的蔬菜的小販。到了江戶時代，隨著城市的發達，應消費者的要求，才開始出現專門賣蔬菜的店鋪。

江戶時代，日本人還未有吃肉的習慣，因而蔬菜店賣的都是素食，所有乾貨、海藻、樹木果實、草根樹皮（中藥藥材）等，都是商品，於是稱為「八百屋」。「八百」即「八百萬」[26]（無數）的簡稱。

十八世紀以後，當朝者才限定「八百屋」只能專賣蔬菜，而蔬菜類又分類為葉菜類、根菜類、瓜果類、茄果類

注
[23] 野菜：やさい。yasai。
[24] 青物：あおもの。aomono。
[25] 八百屋：やおや。yaoya。
[26] 八百万：やおよろず。yaoyorozu。

等。城市的蔬果批發市場從近郊農家購買蔬菜，之後再賣給零售菜舖。蔬果批發市場則稱為「青果市場」[27]。

「白湯」[28]並非白色的湯，亦非用豬骨熬出的高湯，而是「白開水」。不過，這個詞顯然沿用自漢語，《水滸傳》第二十五回就有這麼一句：「那婦人先把藥傾在盞子裡，卻舀一碗白湯，把到樓上。」

據說，每天早上醒來時，先喝一杯一百五十CC的白開水，大約花五分鐘至十分鐘慢慢喝，可以暖和腸胃，繼而提高消化力及全身的代謝力。能沖掉體內的廢物，洗淨腸胃，催促排泄。

想要改善便秘的人，不妨試試看。想減肥的人也可以試試看，每天早上盛一杯礦泉水擱入微波爐，加熱約一分鐘半，白開水的溫度便會達攝氏四十至五十度左右，正好適合飲用。

由於日本的自來水可以直接喝，所以日本人向來沒有喝白開水的習慣，不知何時開始，日本女性之間竟流行起喝白開水的健康美

注
27 青果市場：せいかしじょう。seikashizyo-。
28 白湯：さゆ。sayu。

容祕方。連《日本經濟新聞》也曾報導過。據說最好一天喝三、四杯。

至於「山菜」[29]，也就是漢語的「野菜」，自古以來在日本就很受愛戴。最常見的「山菜」有：

蜂斗菜[30]：別名「冬花」、「款冬」、「款冬蒲公英」。日本原產，多年生草本植物。早春採取其花蕾，炸成天麩羅最好吃，當味噌湯的料也不錯，或者剁碎和味噌摻合一起，做成「款冬味噌」。

日本的超市每年早春都會擺出栽培種的蜂斗菜。做款冬料理時，必須於事先川燙一下，再放入冷水中，以去掉澀味。

豬牙花[31]：原產於日本，多年生草本植物。因鱗莖含有澱粉，可以加工做成片栗粉[32]（日本太白粉）。只是，日本現在的片栗粉大多用馬鈴薯加工製成，因為馬鈴薯的成本比較便宜。真正的片栗粉反倒比較少見，而且價格也比較昂貴。

注
29 山菜：さんさい。sansai。
30 ふきのとう：hukinoto-。學名「Petasites japonicus」。
31 片栗：カタクリ。katakuri。學名「Erythronium japonicum Decne.」。
32 片栗粉：かたくりこ。katakuriko。

豬牙花很漂亮，花色呈粉紫色，在日本別稱「春天的女神」。採取時，抓住根附近的莖，輕輕往上一拉，便能輕易地連帶白色的莖一起拔起。花和草迅速地煮過一次後，可以涼拌也可以炸成天麩羅，或者油炒，或做成湯，做成醋拌涼菜也很好吃。

茖蔥[33]：多年生草本，自生於北海道和近畿以北的亞高山地帶的針葉林，以及混合樹林帶的水濕地，大部分都在國立公園等自然保護區繁殖。北海道人習慣稱為「阿伊努蔥」[34]。蒜味很重，卻是在日本早春山菜中，可以列入「天下一品」的味道。

採取茖蔥時，必定用剪刀或小刀一根一根小心翼翼地切下，免得連根拔起。先迅速煮過一次，再放入冷水中，之後再烹調。做成湯或油炒，涼拌菜都可以。當作火鍋材料或烤肉配料也很好吃。亦可生吃。據說北海道的阿伊努族族人通常在初春大量採集，乾燥後，當作一年間的食材。

注
[33] 行者葫：ギョウジャニンニク。gyo-zya ninniku。學名「Allium victorialis subsp. platyphyllum」。
[34] アイヌネギ：ainu negi。

遼東楤芽[35]：在日本的嫩芽天麩羅中，算是最經典的「一品」。

九眼獨活[36]：俗稱「土當歸」。香味很強，日本人很喜歡吃。俳句季語是「晚春」。

經典吃法是炸成天麩羅，不過，莖抹味噌生吃也不錯，或者做成醋拌味噌。為了避免土當歸變色，調理前最好在醋水中浸一下。

我個人覺得，土當歸天麩羅比楤芽天麩羅更富野趣。

其他還有紫萁[37]、歐洲蕨[38]、薤白[39]（俗稱「山蒜」、「野蒜」）、魁蒿[40]、杉菜[41]，等等，種類非常多。我家院子也有很多不知何時自生的「山菜」，只是我不大會分辨，老是叫鄰居來幫我分辨並採集。

注
35 楤芽：タラノメ。taranome。
36 独活：ウド。udo。學名「Aralia cordata」。
37 薇：ゼンマイ。zenmaiz。學名「Osmunda japonica」。
38 蕨：ワラビ。warabi。學名「Pteridium aquilinum」。
39 野蒜：ノビル。nobiru。學名「Allium macrostemon」。
40 蓬：ヨモギ。yomogi。學名「Artemisia indica var. maximowiczii」。
41 杉菜：スギナ。sugina。學名「Equisetum arvense」。

身體健康篇

漢語的「丈夫」[1]是「老公」，「大丈夫」[2]是「富貴不能淫，貧賤不能移，威武不能屈」之有志氣的男子。日文的意思卻是「健康」、「結實」、「耐用」與「不要緊」、「沒問題」、「放心」。

明明筆劃一樣，為什麼意思會相差這麼遠呢？

古漢語的「丈夫」意指身高一丈的男子。周朝以八寸為尺，十尺為丈，成年男子高八尺左右，因此以「丈夫」為男子的通稱。「大丈夫」是男子中的男子，特別勇敢剛毅的男子，既「能屈能伸」，又「志在四方」，所以是「大丈夫」。

「丈夫」傳到日本後，本來也是「大男子」的意思，明治時代

注
1 丈夫：じょうぶ。zyo-bu。
2 大丈夫：だいじょうぶ。daizyo-bu。

以後，才逐漸從「大男子」演變為「強壯」、「堅固」、「健康」、「結實」、「耐用」；「大丈夫」則加強語氣為「不用擔心」、「沒有危險」，繼而演變成「不要緊」、「沒問題」、「放心」之意。

只是，夏目漱石在小說《我是貓》中，便已經把「大丈夫」當作「不要緊」、「放心」的口語，由此看來，一般人可能更早就用了。

如果有日本人說：「我很丈夫，大丈夫。」請各位不要嘲笑對方，人家說的是「我很健康，請你放心」的意思啦。

或許有人會問，漢字傳進日本之前，日本固有的和語中沒有與「丈夫」同義的詞嗎？

當然有。成年男子或強壯剛毅的男子，和語是「masurao」，音譯字是「益荒男」。

不過，和語的「益荒男」亦有「武人」、「士兵」、「獵人」之意，可能不是指所有成年男子，而是指「比一般男子更高、更強壯」的男子，漢語的同義詞應該是「偉丈夫」，畢竟體弱多病的男子不能當武人、士兵、獵人。

「益荒男」的反義詞是「手弱女」[3]。不要從字面猜想成「弱女子」，真正的意思是像柳條那般柔軟優美的女子，婀娜女子、窈窕淑女之意。

「女丈夫」、「女中丈夫」的日文是「男勝」[4]。沒有寫成「勝男」，不知是不是含有「女子再怎麼豪傑，也勝不過男子」的隱意？

江戶時代的人形容「男勝」女子為「鐵火肌」[5]，這倒是可以從字面猜出個一二。既然是「鐵火」，性格必定很熱血。

NHK大河劇《八重之櫻》的主人公新島八重（綾瀨遙飾），十三歲時便能扛起六十公斤重的米袋，而且連續扛了四次……若是現代，大概可以去當舉重選手。

她哥哥從江戶帶回最新式的荷蘭製步槍，她學會後，擊中四十五公尺遠的靶。會津戰爭時，她女扮男裝，腰佩大小兩把刀，手持連發步槍，身上綁著一百顆子彈，並在戰場開大砲。

注
3 手弱女：たおやめ。taoyame。
4 男勝り：おとこまさり。otokomasari。
5 鉄火肌：てっかはだ。tekkahada。

而且在所有固守城池的女子中，她是第一位斷髮的女子。

年號改為明治後，她又在日本第一家公立女子學校執教鞭。於京都舉行基督教婚禮後，住在有洋式廁所、洋式廚房的洋房，騎著自行車在京都市內趴趴走。稱丈夫為「愛夫」（當時「愛」這個字仍不普遍），導致人們罵她是「惡妻」、「烈婦」，完全是個典型的「型女」。

丈夫新島襄非常愛這個被世人視為「惡妻」的妻子，在寄給美國朋友的書信中描述：「她的外表不是十分美麗，但生活方式很瀟灑（很帥）。」

丈夫過世後，她又在護士學校當教師。若要用文字描述她的一生，大概需要不少「日本首次」、「京都首次」的形容詞。

新島八重可說是極為先進的女子，她始終走在時代先端，思想行為都很自由颯爽，是真正的女中豪傑，真正的「鐵火肌」女子。

知道「水虫」[6]長什麼樣子嗎？

既然有「水」又有「蟲」，想必是在水中生活的軟骨動物吧？《說文解字》曰：「魚，水蟲也。象形。魚尾與燕尾相似。凡魚之屬皆從魚。」我看到這條，差點跌破眼鏡。原來魚是水蟲？

再去找「蟲」字，曰：「有足謂之蟲。無足謂之豸。」這下又迷糊了。魚有「足」嗎？難道古代中國的「魚」是一種有腳的軟體動物？

再繼續看，原來還有一句：「其尾皆枝。故象枝形。非從火也。」意思是，魚的尾巴並非「燃」、「煮」、「焦」等字下面的「從火」四

注｜6 水虫：みずむし。mizumushi。

點，而是類似燕尾的兩個叉叉。再仔細看「魚」的小篆文，尾巴果然分叉，沒有腳。這就對了嘛。

《說文解字》的撰著者許慎是東漢人，當時，刻寫著甲骨文的龜腹背甲和獸骨都埋在地底中，許慎應該沒有親眼目睹過甲骨文。但《說文解字》中的小篆「魚」字，長相確實有點類似我們現在吃的「魚」樣，既非蟲，亦非豸，也不從火。甲骨文和金文的「魚」字最像真正的魚。尤其金文的「魚」，簡直就是圖畫了。

現代漢語的「水蟲」則指水生動物的總稱，也特指有害的水生動物。那麼，日文的「水虫」到底是什麼呢？

我不清楚日本的「水虫」有沒有「足」，但我知道它既非魚也非豸，更非蟲。據說，「水虫」很喜歡高溫多濕的環境，因此，全世界中，「水虫」最密集的地區是香港（無從查證）。

日本的夏天也是高溫多濕，大約有一成五的人與「水虫」共居。歐美諸國的氣候，濕度比較低，不大適合「水虫」居住，但也並非完全沒有。西方人稱「水虫」為「athlete's foot」，也有「水虫」藥。

英文都寫出來了，大概有不少讀者讀到這兒時，已經猜出日本的「水虫」到底是什麼玩意兒了吧。

是的，正是俗稱的「香港腳」，古籍稱為「田螺皰」、「風邪腳氣」，正式名稱是「足癬」。廬山真面目是真菌感染長成的一種癬類皮膚病。英文稱為「運動員腳」，是因為運動員老是穿運動鞋，鞋內高溫多濕，導致運動員很容易罹患香港腳。

據說，日本第一位罹患香港腳的人是坂本龍馬。因為坂本龍馬很喜歡穿類似現代馬靴的皮鞋，他本人也確實患了足癬。當然這只是開玩笑的，日本平安時代的古籍早就有「水虫」的記載，只是當時似乎將手足的所有皮膚病統稱為「水虫」，並非專指足部的皮膚病。

真正開始認識「足癬」的時代似乎是江戶時代，那個時代就稱「足癬」為「水虫」了。當時的紀錄記載，在水田裡工作的農夫常患這種皮膚病，因此當時的人認為真兇應該是水田裡的蟲，所以取名為「水虫」。江戶都市區的人通常都穿草履及木屐，比較少見患足癬的人。

至於漢語「香港腳」的名稱起源，似乎眾說紛紜，找不到直接的文獻根據。但曾在香港大學任教的陳君葆教授於一九四四年八月三日的日記中寫道，他不愛穿塑膠鞋，因為曾有穿幾天就得香港腳的經驗，接著提到香港腳的名稱起源，則說：「上海人稱之為香港腳，香港人原稱之為『星加坡腳』，星洲人卻稱之為曼尼剌腳，曼尼剌人稱之為什麼，我可沒細考查。」由此可見，香港腳似乎也並非起源於香港，而是來自外域。

大概因為不常穿鞋的關係，我從來沒有患過「水虫」。畢竟我終日躲在家裡寫稿，而在家時，通常赤著腳走來走去，冬天時也頂多穿一雙厚襪子而已，甚至懶得套上室內拖鞋，因此感染上足癬的機率較低吧。

聽說，「水虫」很會裝死。當它們遭遇外用藥的攻擊時，會變成球狀細胞，欷欷掉落，結果在地板或其他地方虎視眈眈地伺機，待有人踏上它們時，它們又會活過來，算是一種耐久細胞。難怪「水虫」這麼難治。

日本人常說，竹子職人和炭燒職人罕見「水虫」患者。日本東京私立北里大學衛生系教授針對此說法做了研究，並發表了竹醋液具有白癬菌抗菌成分的研究成果報告。至於木炭，並非木炭本身對「水虫」有效，而是燒製木炭時產生的木醋液能夠防霉，最近的研究又得知木醋液對白癬菌有效。

如此看來，古人的教育程度雖不如現代人，但他們留下的智慧結晶絕對比現代人的知識有用。

不過，長時間讓皮膚浸在醋酸可能會引起炎症，最好不要自己亂治一通，還是去看醫生比較保險吧。

根據日、美調查統計，日本的「水虫」男性患者大約占百分之九點八，女性患者則為百分之四點三。美國的男性患者約占百分之二，女性患者則為百分之一點五。

「水虫」果然和氣候有關。不過，美國患者的患部多是手、脖子、頭部，日本患者的患部多是腳趾、腳掌。

此外，日文的「腳氣」[7]是漢語的「腳氣病」，一種缺乏維生素B_1的病，和「腳」無關。

注｜7　脚気：かっけ。kakke。

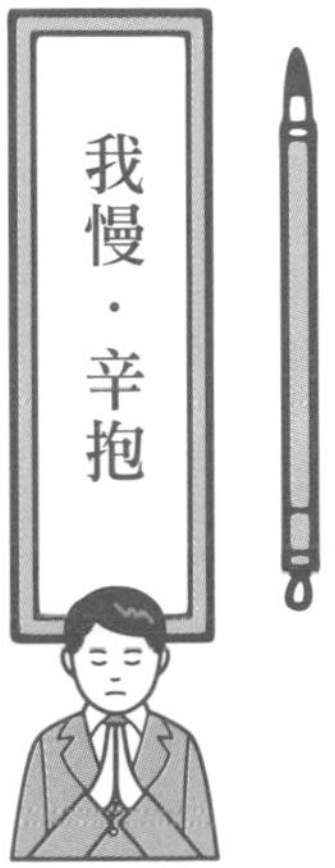

無論古代漢語或現代漢語，基本上都是一語一音一字，大多是兩個音合成一個詞彙。

例如，「上下」、「仁義」、「賢者」、「道路」，「上」有其固定意思，「下」也有其固定意思；「道」和「路」都是同一個意思，但兩個字合起來比較有安定感。英文和日文則不同，單音沒有其固定意義，必須合起來才能構成一個詞彙。

也因此，日本人在明治維新後接觸到西方國家的各種觀念思想、科學、醫學時，通常採用兩個字合成一個詞彙的規則去創製新漢語。

然而，同樣遵循兩個字湊成一個詞彙的規則，明治人創出的「教室」、「人民」、「大陸」、「解放」、「革命」、「學校」、「學生」、「人脈」、「內科」、

「外科」等，都可以從字面猜出其意義，而四百多年前的江戶人卻創出許多莫名其妙的詞彙。

把「商」和「賣」合起來成為「商賣」[8]，形容生意、做買賣，這還說得過去，但「我慢」[9]和「辛抱」[10]呢？怎麼看都覺得牛頭不對馬嘴。

「我慢」本來是佛教用語，「一切諸慢，凡慢有我，比貪瞋痴三毒更毒」、「我慢者，謂踞傲恃所執我，令心高舉，故名我慢」，亦即自高自大，侮慢他人的意思。

往昔的日本也是將「我慢」解釋為「傲慢」、「自高自大」，後來逐漸變成「倔強」、「頑固」，最後再演變為感情「不表外」、「不外露」，於是就變成現在的「忍耐」、「容忍」、「自制」的意思。

只是，按字面來看，江戶人也並非胡謅瞎編，正因為視「我」為一己之中心，心中只有自己，認為地球是繞著「我」轉

注
8 商売：しょうばい。syo-bai。
9 我慢：がまん。gaman。
10 辛抱：しんぼう sinbo-。

的，人才會自高自大。那麼，只要讓這個「我」比別人慢一步或緩兩下，也就是「忍」一下，問題不是會比較容易解決嗎？

既然「我慢」是「忍耐」之意，各位看到「瘦我慢」[11]這個詞時，應該也可以猜測出其意思吧？正是硬著頭皮忍耐、硬撐、打腫臉充胖子的意思。

至於「辛抱」，「辛」正是「辣味」，韭、薤、蔥、蒜、薑的五辛，亦是「艱辛」、「辛酸」的「辛」。將這種「辣味」、「辛酸」抱在懷中，便和「我慢」一樣，同樣是「忍耐」之意了。

不過，「我慢」和「辛抱」也有相異之處。

「我慢」主要是壓抑精神上的痛苦或忍受肉體上的不快，不讓「我」的內心感情發洩出來；「辛抱」則表示忍受外在環境的困苦，奮力向前的意思。也就是說，同樣是「忍耐」，「我慢」的忍耐中仍存在著一個「我」，連當事人也無法預知這個「我」到底何時會爆發。

注｜[11] 瘦せ我慢：やせがまん。yasegaman。

簡單說來，「我慢」的敵人依舊是內在的「我」。

但「辛抱」的敵人則為外在環境，例如，家裡貧窮、被革職、高考落榜等。不過，家裡貧窮並非等於你終生註定都是窮人，失去職場的人或許可以再找到條件更好的職場，只要這些外在條件改善了，你就不用繼續「懷抱著辣味」。「我慢」基本上缺乏「希望的光芒」，「辛抱」則有「太陽會再度上升」的期待。因此，碰到困難時，我們能「辛抱」就盡量「辛抱」，但最好不要「瘦我慢」。

譬如在職場或人際關係中，耐著性子做自己不想做和討厭做的事，便是「我慢」，這是一種被動的忍耐。「辛抱」則是為了世間、為了他人，或為了實現自己的夢想，伴隨努力而來的辛苦。

如果被人強迫做一件事，當事人做起來確實很辛苦，然而，若是自己發奮主動克服困難，便不會視辛苦為辛苦了。前者正是「我慢」，後者則為「辛抱」。

為了自己的生活，為了得到收入，「我慢」是必須的，只是，過度的「瘦我慢」則會帶來反效果。

總之，「我慢」傾向消極，「辛抱」則傾向積極。
過度的「我慢」只會令「不滿」愈積愈多，變得更討厭本來就討厭的事，最終會在不知不覺中爆發，「辛抱」則不同。
為了達成目的的「辛抱」具有肯定意義。給人一種在歡欣雀躍的等待心情中忍耐現狀的印象。一面忍耐，一面接近夢想。
不過，「我慢」另有「饒恕」、「原諒」之意。例如：

今度[12]だけは我慢してやる。（我就原諒你這一次。）

注｜[12] 今度：こんど。kondo。

貓背・貓舌・貓足・貓額・貓車・貓糞・貓目石・貓柳

「貓背」[13]是「駝背」之意。這個詞不用解釋，無論家裡有養貓或沒有養貓，大致都能理解日本為何稱「駝背」為「貓背」吧？

我只是不明白，為何漢語是駱駝？日語則是貓呢？無論尺寸或外型，駱駝和貓都相差太遠了。

「貓舌」[14]形容吃飯怕燙、怕吃熱食的人。漢語中似乎沒有類似的形容詞，可能因為中國菜都是大火煮成的，和平日習慣吃壽司或生魚片的日本人不同吧。

「貓足」[15]（腳）指走路不出聲的人，另一個意思是桌凳等

注
13 貓背：ねこぜ。nekoze。
14 貓舌：ねこじた。nekojita。
15 貓足：ねこあし。nekoashi。

器具的貓式腿。

「貓額」[16]意味面積窄小、極其狹窄的地方，只有巴掌大的地方。經常用在形容「我家只有一個貓額大的院子」之類的文章。

「貓車」[17]就是以人力推動的小型獨輪車。在建築工地、農地、花園中都是不可或缺的運載工具。

據說把獨輪車顛倒時，外型很像貓背，所以稱為「貓車」。另一種說法則為推動獨輪車時，會發出類似貓的咕嚕咕嚕聲，因而稱為「貓車」。正確語源不得而知。

「貓糞」[18]指將拾到的東西歸為己有。因為貓咪便便後，會用砂土將便便掩藏起來，而「糞」的發音「baba」則是幼兒語。據說這個詞是江戶時代後期出現的，在這之前沒有這個詞。

「貓目石」[19]是「貓睛石」、「貓眼石」，英語的「Cat's

注
16 貓額：びょうがく。byo-gaku。
17 貓車：ねこぐるま。nekoguruma。
18 貓糞：ねこばば。nekobaba。
19 貓目石：ねこめいし。nekomeishi。

eye」。這是珠寶中稀有而名貴的一種品種，由於貓眼石的光現象與貓眼睛一樣，能夠隨著光線的強弱而變化，因此而得名。

「貓柳」[20]是「細柱柳」。在日本，無論山間部的溪流畔或市內的小河邊都可見到野生的「貓柳」，是楊柳的一種。因為比其他柳類早開花，日本人視其為宣告春天來訪的植物之一。

開花期是三至四月。雌雄異株，雄株和雌株各自開雄花和雌花。高約三公尺。特色是顯眼的銀白色毛狀的穗狀花序，「貓柳」的稱呼正是源於穗狀花序與貓尾巴相似。穗狀花序也經常用來插花。別稱「狗尾柳」[21]。

全世界有眾多喜歡貓的人，不過，像日本人這般在生活各方面都用「貓」來形容的民族應該很罕見。

中國文化中，與貓有關的項目很少；日本文化卻與貓脫不了關係。直至今日，無論在文學或語言方面，貓始終仍是主角之一。或許，日本人的性格與貓相配吧。

注
20 貓柳：ねこやなぎ。nekoyanagi。
21 狗尾柳：えのころやなぎ。enokoroyanagi。

一三三六年至一五七三年之間的二百三十七年，是日本的室町時代。當時，貓是貴重的賞玩動物，完全與「驅逐老鼠」的本性無關。為了不丟失貴重的貓，很多貴族都用項圈綁住貓。結果豐臣秀吉發出「不准將貓綁住」的禁令，讓貓恢復趴趴走的習性。多虧這個禁令，老鼠的鼠害銳減。

據說貓從高度約三層的大樓掉落時，不會喪命，能安全著陸。可是，四、五層左右的話，死亡率會增高。奇怪的是，六層以上的話，死亡率反倒會變得很低。因為從六層以上的高度落下時，空氣阻力會增大，愈接近地面，愈會失去加速，最後以等速掉下，貓於中途再反轉一圈，便可以安全地雙腳著地了。

最後再來說一段小故事。

話說昭和三十一年（一九五六）十一月，日本第一次南極觀測隊登上「宗谷」[22]破冰船，自東京港出港。這艘船上的動物除了非常有名的樺太狗「太郎」、「次郎」，其實還有一隻貓也在船上，

注 [22] 宗谷：そうや。So-ya。為日本初代南極觀測船，是少數現存舊帝國海軍的艦艇。船名以北海道北部宗谷岬與樺太之間的宗谷海峽命名。

另有一對金絲雀。

遺傳學上極為罕見的「雄三色貓」，自古以來便在日本船員之間被視為「守護神」，而這隻南極貓「Takeshi」也是雄三色貓。不過，牠在南極隊員之間，並非「守護神」的存在，而是比較接近療癒人心的「吉祥物」或「寵物」。

第一次南極觀測隊於昭和三十二年一月，在南極的翁古爾島上陸，十一名越冬隊員在當時剛設立的昭和基地和貓「Takeshi」一起度過冬天。

雄三色貓是船的守護神，「Takeshi」應該留在「宗谷」才對，卻因為隊員捨不得放牠回國，才一起住進了昭和基地。失去了守護神的「宗谷」，在回程途中遭厚冰圍困，最後經當時蘇聯最新的破冰船「鄂畢」號救援，總算成功擺脫浮冰。

越冬期間，「Takeshi」因碰觸了通信機器的四千伏特高壓電流，差點觸電而死，三天三夜不省人事，所幸保住一命，翌年昭和三十三年四月回到東京的日出棧橋。

回國後，在南極救助了「Takeshi」一命的報務員，抱著「Takeshi」回家，打算讓牠在家裡度過舒適的餘生。不料，當天夜晚，「Takeshi」突然行蹤不明，自此以後便再也沒有出現了。

日本的南極觀測隊故事中，最有名的是高倉健主演的電影《南極物語》中的「太郎」和「次郎」，雄三色貓的「Takeshi」比較鮮為人知。

但東京台場的「船科學館」陳列的「宗谷」船內，有一隻貓玩偶，正是「Takeshi」的替身。其他另有繪本《小貓Takeshi，南極大冒險》，增補修訂版附有「Takeshi」的照片，其中有一張是「Takeshi」在攝氏零下三十度中享受日光浴的雄姿。

教養學習篇

公家・大家・家人

現代漢語的「公家」[1]指國家、機關、團體等，與私人、個人相區別。日語的「公家」則為朝廷貴族與朝廷上級官員的統稱，也就是天皇的近侍以及在皇居工作的人，主要指官階是「三位」[2]以上的世襲官員。

日本的官階稱呼和中國唐朝的官階稱呼不一樣，唐朝是九品三十階，日本是十八階；唐朝是正一品、從一品，日本則為正一位、從一位。

日本的「品」是親王、內親王官階，而且只有四品，亦沒有「正」、「從」之分。有資格繼承皇位的是東宮皇太子，其他沒有資

注
1 公家：くげ。kuge。
2 三位：さんみ。さんい。sanmi。sani。

格繼承皇位的親王或內親王，便按照母親的出生門第、年齡、經歷以及社會評價給予官階。沒有官階的親王稱「無品親王」[3]。

簡單說來，日本的「公家」即「公卿」。

古代漢語的「公家」指國家、朝廷或官府，日本原本也是指天皇或朝廷，鎌倉時代以後，稱呼幕府將軍、守護大名、武士等以武力效勞朝廷的階級為「武家」[4]，因此便用「公家」稱呼為朝廷辦政務的文官。

現代漢語的「大家」指眾人或所有人，有時表示「我們」、「你們」或「他們」；古代漢語則指卿大夫之家、世家望族或大作家、大專家，其他另有對女子的稱呼、夫之母的稱呼、奴僕對主人的稱呼等。

日本的「大家」[5]大致有三種意思，唸法都不一樣。一是大作家、大專家，這時要唸成「taika」；另一是具有社會地位以及世家望族的人，這時便唸成「taike」，最後一項則為房東的

注
[3] 無品親王：むほんしんのう。muhon shinnou。
[4] 武家：ぶけ。buke。
[5] 大家：おおや。ooya。

「ooya」。用在房東身上時，後面通常加個敬稱的「桑」。

最麻煩的應該是「家」這個字吧，因為有四種唸法。

第一種「家」[6]，是藝術家、音樂家、專家的「家」。

第二種「家」[7]，是個人一家的「家」，如王家、張家、山田家、茂呂家等，其他如茶道的表千家、裡千家。

第三種「家」[8]為自己的家裡，我家、你家的「家」。

第四種「家」[9]則單純指房屋的「家」。

「家人」也有兩種唸法。

第一種「家人」[10]，和古代漢語類似，在日本的平安時代指僕人，身分比奴隸高一階，可以娶親，不能買賣。只是，日本的奴隸制度大約在九世紀末至十世紀初便被廢止，因此通常指僕人、下人。

到了江戶時代，前面加個敬稱的「御」，合成「御家人」[11]，則是將軍的直屬家臣，俸祿一萬石以下。後來又分

注
6 家：か。ka。
7 家：け。ke。
8 家：うち。uchi。
9 家：いえ。ie。
10 家人：けにん。kenin。

為有資格謁見將軍的「旗本」[12]，和沒有資格謁見將軍的「御家人」。

第二種「家人」[13]則和現代漢語的家庭成員同義。不過，日本的「家人」和漢語的家庭成員有點差異，明治時代的「家人」通常意謂妻子和下女，所以現代人很少用。年輕一代的更不能用，畢竟父母親或兄弟姐妹不能和下女同等吧。

另一個指手下、幫手、狗腿子、爪牙的詞是「家來」[14]。光看漢字，應該猜不出到底是什麼意思。其實是古代漢語的「家禮」，各家的家庭禮儀，這個詞傳進日本時，吳音唸成「kerai」，漢音唸成「karei」。

過了幾百年，逐漸演變成「尊奉禮法為主人效勞的人」，再發展為「主君的臣下」，漢字也由「家禮」轉而為「家賴」、「家隸」，到了江戶時代中期，就都寫成「家來」了。

注

11 御家人：ごけにん。gokenin。
12 旗本：はたもと。hatamoto。
13 家人：かじん。kajin。
14 家来：けらい。kerai。

而江戶時代的大名家臣往往稱為「家中」[15]，字面看似與「家裡」、「屋內」同義，其實不然，是大名的手下之意，為人名效勞的武士階級的「藩士」[16]、家臣團。

千萬不要認為反正這些詞都是歷史名詞，現代日本人應該置之腦後了吧。正因為是歷史名詞，立場反而更穩固，不像一些流行新詞，幾年過後便遭大眾拋棄。

附帶一提，日本的姓氏「家中」[17]有三種唸法。不過，姓「家中」的人很少，根據統計，全日本大約僅有一千人。想在一億兩千萬的人口中偶然與姓「家中」的人邂逅，恐怕比中彩券還難。

注
[15] 家中：かちゅう。kachu-。
[16] 藩士：はんし。hanshi。
[17] 家中：やなか。yanaka。いえなか。ienaka。かちゅう。kachu-。

鬼・鬼子・鬼手

在日本，一提起「鬼」[18]，日本人通常會聯想到捲髮、頭上長尖角、嘴巴裂至耳朵、口中露出獠牙、銅鈴眼、肌膚常為紅色或青色、上身赤裸、腰部纏一條虎皮、手握狼牙棒的「青鬼」[19]「赤鬼」[20]。有點類似在中國《西遊記》中登場的「金角」、「銀角」或牛魔王。不過，日本的「鬼」介於神明與妖怪之間，很難給予其固定的形象。

簡單說來，日本的「鬼」是日本妖怪、鬼怪、神怪之一。在民間故事或鄉土信仰中，常象徵「惡」、「壞」的角色，既是可怕之物，亦是強悍凶猛的存在，與《禮記・祭義》中所說的

注
[18] 鬼：おに。oni。
[19] 青鬼：あおおに。aooni。
[20] 赤鬼：あかおに。akaoni。

「眾生必死，死必歸土，此之謂鬼」不同，亦與《春秋左氏傳》說的「人生始化曰魄，既生魄，陽曰魂」中的「鬼魂」、「陰魂」相異。

據說，日本奈良時代便有「鬼」字的紀錄，首次出現在《日本書記》（七二〇）的欽明天皇五年（五四四）十二月。

「有人占云，是邑人，必為魅鬼所迷惑。」

「彼嶋之人，言非人也。亦言鬼魅，不敢近之。」（「嶋」與「島」相通）

從文中的「魅鬼」、「鬼魅」這兩個詞看來，當時的用法應該和漢語的「鬼」一樣，均指人眼看不見的神祕之物。只是，當時稱呼妖魔和冤魂為「物」[21]或「醜」[22]，因此「鬼」這個字在當時也讀做「mono」、「shiko」。

注
[21] 物：もの。mono。
[22] 醜：しこ。shiko。

平安時代以後才讀成「oni」。《和名類據抄》[23]記載，是從意味「隱而不見」的漢語「隱」[24]轉變為「鬼」。之後，因佛教的夜叉、羅剎等繪畫的影響，逐漸演變為現在的「青鬼」、「赤鬼」形象。

古籍《今昔物語》或《枕草子》，均把「鬼」的外貌描述為妖怪、鬼怪之類，可見，日本自平安時代起便將日本的「鬼」和漢語的「鬼」分隔為不同之物了。

那麼，中國人最熟悉的「日本鬼子」之「鬼子」[25]，在日本又是什麼意思呢？是「長得不像父母的孩子」，特別指「生來便有牙齒的嬰兒」。另一個意思是「自幼便很粗暴的孩子」。

另一個「鬼子母神」[26]則不是「惡」、「壞」的象徵，而是安產、育子的娘娘神或安產神，在日本是孕婦的守護神。

注
[23] 和名類聚抄（931-938）：わみょうるいじゅしょう。Wamyo-Ruijusho-。日本平安時代的工具書。
[24] 隠：おぬ。onu。
[25] 鬼子：おにご。onigo。
[26] 鬼子母神：きしもじん。kishimojin。

「鬼手」[27]是圍棋、象棋用詞，意味「出奇的招數」。「鬼手佛心」[28]則形容外科醫生動手術時，看似大膽地用手術刀割切患者的身體，其實是想拯救患者的性命，亦寫成「佛心鬼手」。

話說回來，日本最有名的「青鬼」、「赤鬼」是知名童話作家濱田廣介[29]著的《哭泣的赤鬼》。

故事大綱如下：

很久以前，某深山裡住著一個很想和人類做朋友的赤鬼，牠在自家門口豎了個牌子，上面寫著：「這裡是心地善良的鬼之家，歡迎各位光臨。這裡有好吃的點心，也有泡好的茶水，歡迎大家來品嚐。」

但人類看到他的長相便被嚇跑，更懷疑那招牌上寫的是個圈套，沒有人願意到牠家玩。儘管赤鬼每天都在桌上

注
27 鬼手：きしゅ。kishu。
28 鬼手仏心：きしゅぶっしん。kisyubusshin。
29 浜田広介（1893-1973）：はまだ ひろすけ。Hamada Hirosuke。

擺放泡好的茶水、剛摘下的野花、美味的點心，日復一日地等著，從日出等到日落，依舊沒有人願意登門造訪。

如此過了一個月，來的盡是些森林中的動物和鳥類。赤鬼非常傷心，只得拔掉告示牌。湊巧他的好朋友青鬼來了，聽聞詳情後，就為赤鬼出了如下的主意。

「我（青鬼）去人類村落作亂。你（赤鬼）趁機出現懲罰我，拯救村民，把我（青鬼）趕出村落，並藉此向人們說明你（赤鬼）是善良的鬼。」

計畫果然成功了，村民開始放心地來赤鬼家串門子，對牠很友好。如此，赤鬼有了人類朋友，牠感到很高興。

日子一天天過去。某天，赤鬼突然想起，當人類開始來牠家串門子後，青鬼即不再來找牠了。牠記得，青鬼在村落作亂後，好像受了傷，跛著腳獨自回到自己的深山。

赤鬼愈想愈不安，某天，牠終於前往青鬼家探望。

不料，青鬼家卻空無一人，只見門邊貼著一張紙條：「赤鬼，你一定要與人類保持良好關係，過著快樂的日子。如果我們繼續交往，人類可能會認為你也是壞鬼。所以，我出門遠遊去了，不過，我永遠不會忘記你。永別了，你要保重身體。我始終是你的好朋友，在這世上，我最喜歡你。青鬼。」

赤鬼安靜地讀了紙條，沉默了一陣子，接著，淚如泉湧。

赤鬼想到自己唯一的好友，為了完成自己與人類交朋友的心願而離去，不禁悲從中來，雙手掩著臉放聲嚎啕大哭……

失去時，才明白對方是最重要的，卻為時已晚。

那以後，赤鬼和青鬼就從未再相見了。

這故事乍看之下很單純，卻不知怎麼回事，令讀者永難忘懷。孩提時代讀時是一回事，長大成人之後再讀，又會有另一番感受。

讀者可以解讀為「友情」，亦可以解讀為「愛情」，我卻將之解讀為「與異文化接觸時，你必須付出極大的代價」。

至於到底是什麼代價，可能因人而異吧。

歲・才

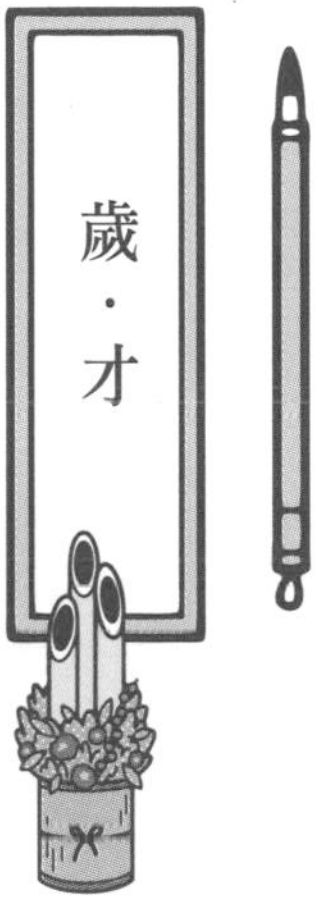

日本人在二十歲會面臨兩個重要的節日，一是成人式，另一是當事人過二十歲生日那天。同樣是二十歲，兩者的意義卻有微妙不同，前者算是正式踏入成人世界的一種入伙儀式，後者只是每年必定會迎接一次的日子。

但是，日本的「歲」字有「才」、「歲」[30]兩種寫法，兩個字發音都相同。為什麼會這樣呢？據說，滿二十歲以後的人慣常寫成「歲」，未滿二十歲的人則寫成「才」。當然法律沒有如此規定，只是按一般人的感覺來說，小孩子可以寫成「才」，大人則要寫成「歲」。這可能是字體本身所釀成的外觀氛圍影響了人們的感覺吧。

注｜30 歲・才：さい。sai。

「才」看起來乾淨俐落，而且顯得很有精神；「歲」看上去像是一張布滿皺紋的臉，看著這個「歲」字，腦中會不自覺地浮出拄著拐杖的老人。

其實真正的原因在日本人學習這兩個字的時期差距。

「才」字，是所謂的教育漢字，小學二年級時便會學到。不過，小學二年級學的「才」是「才能」、「秀才」之意的「才」，而非年齡的「才」。另一方，「歲」則要等到初中後才會學到，這時的「歲」，正是「歲月」、「歲暮」的「歲」了。

如此一來，小學生便不會寫「我今年八歲」這個經常要說、要寫的詞。於是，往昔的老師便教學生寫成剛學到的「才能」、「秀才」的「才」，亦即將「八歲」寫成「八才」，反正發音一樣，總比讓一個小學二年級的孩子在作業簿上寫成平假名要好看得多。

之後，當學生升上初中，教員當然也會隨著更換，而這些新老師中，並非每位老師都有耐性重新教學生說，「其實那個『才』字不是年齡的『歲』字……」云云。更何況，萬一老師在教學生有關「才」字的來龍去脈時，湊巧有學生請假，那該學生豈非永遠都解不開這個謎了？

也有語言專家表示，既然當初教學生寫成「才」，待學生升上初中後，又要教他們說「其實不是『才』而是『歲』」，那不是會讓學生更陷於混亂嗎？

因此，直至今日，無論小朋友或成人，無論寫成「才」或「歲」，任何人看了均明白其意思。

但出了社會後，社會便有社會上的潛規則。倘若一名穿西裝戴領帶的堂堂大男子，在應徵履歷書寫自己的年齡時，寫成「才」字，八成會被三振出局。考官看了履歷書，肯定會暗罵：你又不是小學生，都二十多歲的人了，難道連個「歲」字都不會寫？

只是，一般市民到市政府或區公所、醫院等機關填寫資料時，因必須手寫，通常會寫成筆劃比較簡單的「才」字，這點在社會慣例上倒是允許的。

我在看網路匿名留言版的留言時，有時會根據對方把年齡寫成「才」或「歲」，而去判斷對方的大致年齡。若寫成「才」，身分應該仍是學生；若是成人卻寫成「才」，那即便對方的教育程度再高，我也會視對方沒什麼教養。

日本NHK的字幕將年齡寫成「才」字，是因為畫面的掃描線會令字體坍塌，不得已才用「才」當作「歲」的代用字。這是基於易讀性，完全為了方便觀眾看畫面，並非NHK缺乏教養。

日本有一部名為《十四才的母親》的電視劇，這也不是編劇人缺乏教養，而是按劇中情節，為了凸顯劇中那位十四歲母親的「才能」，故意用了「才」這個字。而日本作家村上龍也有一部名為《新工作大未來：從13歲開始迎向世界》[31]著作，是一本介紹各行各業的工作指南書，由於十三歲已經是初中生，因此書名用的是「歲」字。

說來說去，最顯著的例子是日文的「二十歲」[32]。這個詞，無論用電腦打字或查任何一部字典，得出的結果一定都是「歲」字。

學校的老師不會教前述這些知識，必須在個人出了社會後逐漸習得，這正是「教育」[33]與「教養」[34]的不同。

坦白說，用電腦打字時，我會選「歲」這個字，但如果必須在

注
[31] 原文書名為《新13歳のハローワーク》。
[32] 二十歳：はたち。hatachi。

醫院手寫資料，我會不假思索地用「才」字。畢竟「歳」的筆劃太多了，尤其近十數年來很少有手寫的機會，要我手寫「歳」這個字，八成會寫錯筆劃。

「年齡」和「年令」[35]這兩個詞也是基於同樣道理，小學生用「年令」，中學生用「年齡」；手寫時用「年令」，打字時用「年齡」。但「令」並非「齡」的簡化字，僅僅是發音相同的代用字而已。

注
33 教育：きょういく。kyo-iku。
34 教養：きょうよう。kyo-yo-。
35 年齢、年令：ねんれい。nenrei。

椿・山茶花

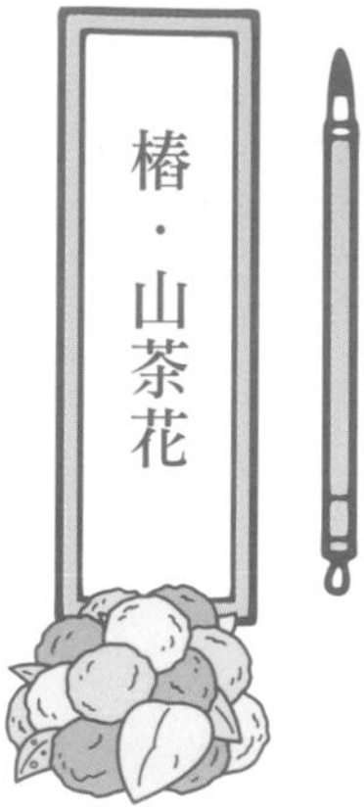

對我這種必須使用兩種漢字的人來說，日本漢字的魚介類和植物名稱很容易混淆不清。特別是植物，經常碰到明明同樣的字，仔細一查，才明白根本就是驢唇不對馬嘴。

比如「椿」[36]，在中國是落葉喬木，高達三十公尺，樹幹挺直，樹皮光滑，通常種成行道樹。而且由於樹齡很長，似乎是一種靈木，古代漢語甚至稱父親為「椿庭」，稱父母為「椿萱」，祝人長壽時寫為「椿齡」，比喻長壽叫「椿壽」。

在日本則為高約五六公尺的常綠樹。一般人認為「椿」與中國的山茶花同類，日中字典也將「椿」翻譯成山茶，其實兩者完全不同。

注｜36 椿：つばき。tsubaki。

中國的山茶花有很多品種，凋落時和其他花一樣，一瓣一瓣地飄落。日本椿往往在開得最旺盛之際，整朵花連著花托噗通一聲掉落，如同日本武士斬首時那般壯烈，因此又別稱「武士椿」[37]。「椿」在日本是一種不能送給病人的禁忌花，大概也不能送給參加任何比賽的人，因為會落選。完整的紅椿累累掉落一地的情景稱為「落椿」[38]，暗喻死亡。「椿」這個名稱在日本賽馬界也是一種禁忌，據說會落馬。

過去曾發生一起落馬事件。一匹名叫「鷹椿」的賽馬，本來被視為最有力的優勝候補，不料剛起跑，騎士便落馬，比賽被迫中止。那以後，賽馬界便不再以「椿」為馬命名。

詩人或歌人通常很喜歡「椿」，「落椿」那種豪不留戀噗通掉落的死法，以及死後仍保持美麗花姿的神祕性，似乎能觸動詩人的心弦。

茶道界的人也很愛「椿」，尤其冬天沒有其他花可以裝飾時，

注
[37] 武士椿：もののふつばき。mononofutsubaki。
[38] 落椿：おちつばき。ochitsubaki。

茶室便全是「椿」了，因此茶道界的人稱「椿」為「茶花女王」。請注意，日文的「茶花」[39]並非漢語的茶花，而是指茶室裡擺設的花。

我認為，日本的「椿」就直接譯為「日本椿」或許比較恰當，反正學名是「Camellia japonica」。日本另一種「山茶花」[40]則為茶梅，是山茶科山茶屬的常綠喬木，學名為「Camellia sasanqua」。「椿」和「山茶花」很難分辨，但只要仔細觀察花的開法，還是可以分辨得出。「椿」的花瓣不會平開，通常呈杯狀，「山茶花」的花瓣則是平開；「椿」落花時整朵噗通一直線落地，「山茶花」則一瓣一瓣慢條斯理地飄落。

其他如「柏」，明明是柏科柏木屬，高約三十公尺的常綠喬木，如側柏、扁柏、香柏；在中國古籍中，地位和「松」同等，《論語・子罕》：「歲寒，然後知松柏之後凋也」，通常象徵永遠、不變。但這個字傳入日本後，不知何時竟變成山毛櫸科的落葉喬

注

39 茶花：ちゃばな。tyabana。

40 山茶花：さざんか。sazanka。

木，也就是花期為三月，果實在初秋時成熟的「槲樹」。

日本於五月五日男兒節供奉的「柏餅」[41]，是裡面包紅豆粒餡或味噌餡，外層裹一片對折槲樹葉的圓形及半圓形麻糬。這是因為槲樹葉枯了後也不會掉落，要到翌年春天長出嫩芽時才會落葉，所以取「子孫繁榮，代代相傳」之意用在男兒節的喜宴上。

英文稱日本「柏」為Daimyo Oak，這個「Daimyo」是領主、藩主的「大名」。為何英文會在槲樹冠上「大名」的稱呼呢？我查了許久都找不出答案，《日本大百科全書》也只是以潦草一句帶過：「Daimyo」的意思有各種說法。

另一方，漢語的扁柏在日文中是「檜」[42]，漢語的「檜」卻是圓柏。

日本的「楓」[43]是槭樹科的「楓」，漢語的「楓」則為金縷梅科的楓香樹。據說往昔的日本也用「槭」這個字，卻因日本

注
41 柏餅：かしわもち。kashiwamochi。
42 檜：ひのき。hinoki。
43 楓：かえで。kaede。

進行了漢字撲滅運動，「槭」這個字被排斥了，於是只能用「楓」代替。

只是，「楓」又別稱「紅葉」[44]，兩者有區別嗎？原來「楓」指的是紅得發火的葉子，而「紅葉」則泛指發黃、發紅的葉子。

總之，翻譯小說時若碰到植物名，我就會頭痛。一定要在網路查個一清二楚，並且對照圖片後，我才敢翻成中文，否則會出洋相。

不僅植物，有些四肢動物或魚類原產於日本，而外國也有不少日本沒有的動植物，翻譯時確實不能掉以輕心。所幸現代有網路，只要花時間查一下，大抵都能得到正確答案。

但也有查不出答案的例子，如「Daimyo Oak」，這個大概得拜託懂英文的人查查英文網站吧。

注｜[44] 紅葉：もみじ。momiji。

社會生活篇

會社・社會・個人・共和

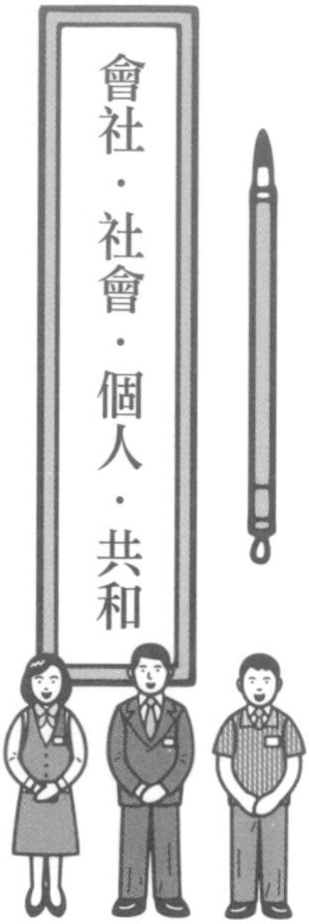

根據齋藤毅先生的著作《明治的言詞》，「會社」[1]和「社會」[2]，本來均源自古代漢語的「社」字。

古代漢語的「社」，表示「土地的守護神」，凡土地神、祭祀土地神的地方、祭祀土地神的節日、祭祀土地神的典禮，都是「社」。

用日本式來說，即為「村落神」。為了祭奠這位神明，村民逢節日的酬神慶祝活動便是「社會」或「會社」。這兩個複合詞，本來意義一樣。

幕末時期，西洋文明湧向日本，當時的日本知識分子為了將西

注
1 会社：かいしゃ。kaisya。
2 社会：しゃかい。syakai。

洋的新概念翻譯成日語，花了不少心血。其中，「會社」、「社會」被視為擁有同一目標的團體組織。

之後，「社會」被當作表示所有團體的「society」之譯詞而固定下來。「會社」則被當作以營利為目的的集團「company」之譯詞。據說，一八七四年（明治七年）年至一八七七年（明治十年），才固定了兩者的分離。

在日本，「社會」這個詞最初出現在一八二六年（文政九年）青地林宗[3]譯的《輿地誌略》[4]，不過，當時是被當作修道院「Kloofter」的譯詞。

「社會」這個譯詞紮根之前，明治人想出四十多種譯詞。其中也包含「世間」這個詞，不過，「世間」沒有固定下來。畢竟「society」與個人的尊嚴不可分，而「世間」則完全沒有個人的尊嚴可言，因此不被採用。

多虧先人的辛苦，當時的日本人才能脫離傳統的日本人際

注

[3] 青地林宗（1775-1833）：あおち りんそう。Aochi Rinso-。日本物理學之祖。

[4] 輿地誌略：よちしりゃく。Yochishiryaku。明治時代的世界地理書。

關係，重新組成另一種新的人際關係。

齋藤先生又說明，在日本，「individual」的譯詞以「個人」[5]而固定下來是一八八四年（明治十七年）左右，比「社會」這個譯詞足足晚了七年。

也就是說，在這之前，日本不僅沒有「個人」的概念，更沒有「個人的尊嚴」這種想法，因此無論「社會」或「個人」的譯詞，對當時的日本人來說，均具有跨向新時代的決定性意義。

如今，「會社」和「社會」已經分離了一百三十年。現在用這兩個詞時，如「為了社會」、「為了會社」時，意義完全不同了。但是，對某部分的日本人來說，「會社」和「社會」或許仍與幕末時期一樣，毫無差異。他們到「會社」（公司職場）上班，等於參與「社會」，若失去「會社」，可能如同失去「社會」吧。

另一個「Republic」的譯詞源由也很有趣。

注｜[5] 個人：こじん。kojin。

據說，箕作阮甫[6]的養嗣子箕作省吾[7]翻譯荷蘭語的「republiek」時，向當時的老儒大槻磐溪[8]求教，老儒答說：「仿效西周時代的典故，就用『共和』[9]好了。」原來《史記．周本紀》有一段：「召公、周公二相行政，號曰『共和』。共和十四年，厲王死于彘。」

周厲王出奔後，召、周二公攝政的十四年，號稱「共和」。用現代話來說，就是國家主權在全體人民，不立君主的國體稱為「共和」。

「republic」的意味正是不擱置君主，由人民選出的人成為國家代表的政治體制。這種概念，在近代化之前的日本是無法想像的，難怪當時的專家會找不到相稱的譯詞。

注

6 箕作阮甫（1799-1863）：みつくり げんぽ。Mitsukuri Genpo。日本幕末時期的蘭學者，藩醫，日本最初的醫學雜誌創辦者，譯述、著述多達一六〇冊，範圍包括醫學、語言學、西洋史、兵學、宗教學。

7 箕作省吾（1821-1847）：みつくり しょうご。Mitsukuri Syo-go。江戶時代末期的日本地理學者。

8 大槻磐溪（1801-1878）：おおつき ばんけい。Ootsuki Bankei。江戶時代末期至明治時代的漢學者、蘭學者、砲術家。

9 共和：きょうわ。kyo-wa。

雖然從中國古典選出譯詞來表示「國王不在」的政治體制，這也和「republic」的原文意義大有差異。不過，「共和國」依舊成為「republic」的譯詞而紮根，現代人也沿用「共和國」這個譯詞，而且，中國亦把自己的國號稱為「中華人民共和國」。

大手・小手・平手・手短・軍手・切手

「大手」[10]是大企業、大公司、大戶頭、大主顧之意，用在城堡建築上，便是「前門」、「正門」。日本全國各地都有「大手町」地名，表示往昔位於城郭正門附近的地方。

但另一個發音是「oode」，這時的用法則為「張開雙臂」、「大搖大擺」、「無所顧忌」的意思了。

「小手」[11]是手肘和手腕之間的部位，或直接指「手指」。

小手が利く[12]：手巧。

注
10 大手：おおて。oote。
11 小手：こて。kote。
12 利く：きく。kiku。有效、起作用、管用。

小手を翳す[13]：把手罩在額上；手搭涼棚（張望）。

小手先[14]：手工活。小聰明。

「平手」[15]則為「伸平的手掌」、「巴掌」，用在下棋時表示「平下」、「勢均力敵」。

「手短」[16]並非在說你的手很短，而是「簡單」、「簡略」、「扼要」。日語的「拜託你手短一下好不好？」意思就是要你「扼要地說」、「簡單地說」。

那麼，「軍手」呢？

「軍手」[17]本來是「軍用手袋[18]」的簡稱，舊日本軍兵士用的手套，現在都指白色的工作用手套，是一種富有伸縮性的針織品手套，沒有左右手的區別，在現代是最結實且廉價的工作用手套。我經常在我家院子整理花

注

13 翳す：かざす。kazasu。舉到頭上、揮起、罩上、遮住。

14 小手先：こてさき。kotesaki。

15 平手：ひらて。hirate。

16 手短：てみじか。temijika。

17 軍手：ぐんて。gunte。

18 手袋：てぶくろ。tebukuro。手套。

花草草，這時就少不了「軍手」了。

「軍手」起源於江戶時代末期的弘化・安政（一八四四～一八六〇年）年間。當時為了不讓士兵在接受近代武裝訓練時，光著手觸摸槍支，令槍支生鏽，於是讓士兵戴手套。

一般認為長州藩（山口縣）的下級武士為了槍砲隊而將縫手套當作一種副業。一八六七年，德川幕府創辦了軍隊，手套的需求增大。

進入明治時代後，明治新政府又創設了大日本帝國陸海軍，手套的需求在軍隊中益發高漲。此後才開始稱為「軍手」。

當時，以同樣手法編織成的白襪子稱為「軍足」[19]，不過，這些稱呼都不是軍隊取的正式名稱，而是民間慣用的稱呼。

「軍手」是日本發明的，據說在第二次世界大戰之前，也出口到亞洲、美國等。

我記得曾有人提出將「軍手」改為「作業手袋」的意見，卻因為日本的「作業手袋」五花八門，結果沒有改成，直至目前，民間人仍

注｜[19] 軍足：ぐんそく。gunsoku。

習慣用「軍手」稱呼園藝、家事清掃專用的手套。

騎自行車或摩托車時，戴著「軍手」也可以保暖，又因為伸縮性很強，可以自由地轉動把手。

「切手」[20]則是「郵票」。

世界上第一枚郵票是一八四〇年五月一日英國發行的黑便士。在日本則是一八七一年（明治四年）四月二十日（舊曆三月一日）發行的龍文郵票，各為四十八文、一百文、二百文、五百文，總計四種。

日本為何稱郵票為「切手」呢？

這是日本近代郵政制度首創者前島密[21]先生指定的詞。「郵便」[22]「葉書」[23]等名詞，都是他指定的。

日本自古以來便稱呼能證明已付了錢並取得權利的紙條為「切手」，原為「切符手形」[24]的簡稱。因此對當時的人來說，「切手」是極為普遍的用詞。

注
[20] 切手：きって。kitte。
[21] 前島密（1835-1919）：まえじま ひそか。Majima Hisoka。日本一圓郵票的肖像。
[22] 郵便：ゆうびん。yu-bin。郵政、郵件。
[23] 葉書：はがき。hagaki。明信片。

與「切手」有關的另一個詞是「小切手」[25]。

按字面看來，既然「切手」是郵票，那麼，「小切手」就是「小郵票」了？

錯了。

「小切手」是「支票」。支票明明比郵票大，為什麼冠上一個「小」字呢？

原來在江戶時代，幕府支付給大名的工資是稻米，大名再賣稻米換來現金當收入。稻米交易時，居間的經紀人收的正是「米切手」[26]。交易是投標制，從產地送來稻米時，對方會給經紀人一張「米切手」，經紀人再根據這張「米切手」支付現金給大名。

到了明治時代，外國傳入支票時，由於支票尺寸比「米切手」小，於是被翻譯為「小切手」。

注

[24] 切符手形：きりふてがた。kirihutegata。切符：きっぷ。kippu。車票。手形：てがた。tegata。票據。

[25] 小切手：こぎって。kogitte。

[26] 米切手：こめきって。komekitte。

新米・勉強・真面目・不出來・無心・得手・人夫・百姓

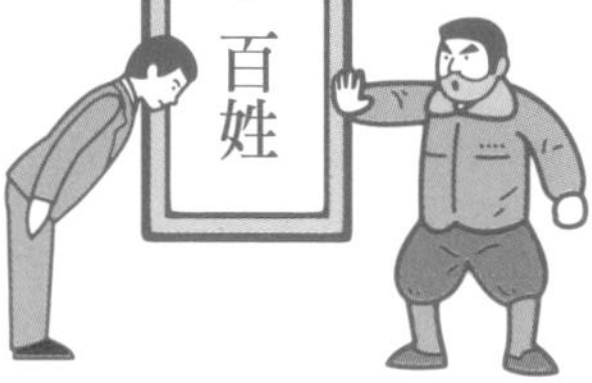

「新米」[27]有兩種意思，一是當年收穫的新米，另一是「新手」、「新來的人」、「生手」、「新上任」。

當年收穫的新米的反義詞是「古米」[28]，但是，新手的反義詞不能用「古米」，而是「古參」[29]、「古顏」[30]、「古株」[31]。

「新米媽媽」、「新米爸爸」、「新米社員」、「新米教師」等，都意味剛當上媽媽或爸爸，或剛上任的教師。

「勉強」[32]並非漢語的「強迫別人做不願意做的事」、「牽強」，而是「學習」、「用功」、「讀書」，另

注
27 新米：しんまい。shinmai。
28 古米：こまい。komai。
29 古参：こさん。kosan。
30 古顏：ふるがお。hurugao。
31 古株：ふるかぶ。hurukabu。
32 勉強：べんきょう。benkyo-。

一個意思則為「知識」、「見識」、「經驗」，還有一個意思是「少算」、「讓價」、「賤賣」。

日語的「勉強」本來和漢語一樣，都是「做不願意做的事」，江戶時代延伸為商人不願意賣便宜一點，但為了給熟客面子，就少收點錢。明治時代以後，為了得到知識而努力被認為是一種美德，於是「勉強」的意義逐漸與「學習」類似，之後便演變為與「學習」同義了。

「真面目」[33]意味「認真」、「老實」、「踏實」、「嚴肅」、「誠實」、「正派」等。

「真面目」的「真面」是「瞬」[34]的「maji」，頻繁眨眼之意。目不轉睛凝視某物的「majimaji」，本來也是形容頻繁眨眼的樣子。「目」則為「眼睛」。

「真面」和「目」合起來，就表示緊張得不停眨眼，由於緊張，表情便極為認真，最後演變為「認真」、「誠實」、「嚴肅」

注
33 真面目：まじめ。majime。
34 瞬ぐ：まじろぐ。majirogu。

之意。

到了近代，更不僅形容認真的表情，因害怕而一直眨巴眼，表情僵硬，臉色變白等也稱為「真面目」。「maji」和眼睛的「me」，都是日本古來的和音，漢字的「真面目」是借用字。

「不出來」[35]是「做得不好」、「收成不好」、「歉收」、「笨孩子」、「失敗」的意思。日語的「這孩子不出來」並非孩子不出房間，而是這孩子非常笨或長相很醜的意思。

「無心」[36]有各種意思，「討錢」、「索取」、「天真」、「熱中」、「專心」、「一心一意」等。

為什麼「討錢」、「索取」會變成「無心」呢？因為「無」（缺乏）關懷對方處境的「心」。

「得手」[37]是「擅長」、「拿手」，反之，「不得手」[38]便是「不擅長」、「不拿手」。

注
35 不出来：ふでき。hudeki。
36 無心：むしん。mushin。
37 得手：えて。ete。
38 不得手：ふえて。huete。

「人妻」[39]是別人的妻子，但「人夫」[40]可不是人家的丈夫，而是「壯工」、「民夫」、「臨時小工」之意，指從事體力勞動的人。

有時在網路可以看到「日本人夫」、「美國人夫」的形容詞，但這要將「日本人」、「美國人」和「夫」字分開來唸，亦即「日本人」的「丈夫」、「美國人」的「丈夫」，而非「日本人夫」或「美國人夫」。

「百姓」[41]也非老百姓的百姓，而是「農民」、「庄稼人」。有時是用來罵某些土裡土氣的人，或形容不解情趣的人。

漢語的「百姓」在周代至春秋時代，特別指姬氏、姜氏的奴隸主、領主階級等宗族，而古時貴族以其所封之地為姓，因而稱為「百姓」。古時候的中國庶民也是沒有氏、姓的，只有貴族才有氏、姓。後來宗族逐漸崩壞，社會制度變更，「氏」和「姓」混淆，「百姓」失去貴族的意義，到了漢代，幾乎所有平

注
39 人妻：ひとづま。hitoduma。
40 人夫：にんぷ。ninpu。
41 百姓：ひゃくしょう。hyakusyo。

民都有姓，因此「百姓」便演變為「天下萬民」、「一般庶民」之意。

在日本，最初也是指天下萬民。可是後來成為從事多種多樣職業的特定身分名稱，具體上指統治者層可以直接把握的社會階層對象為「百姓」。這個階層不僅包括從事農業的人，也包括從事商業和手工業、漁業的人。

中世紀以後，便逐漸把「百姓」的本分視為農業，農本主義的理念逐漸滲透並普及於民間。明治時代以後，就專指農民了。

番外篇

全世界最具影響力的二十五種語言排行——日語排在第幾位？

一般認為現存於世界的語言數約有六千種以上，其中，三成語言的使用人口在一千人以下。

以下的統計是「list25.com」網站介紹的「世界最具影響力的二十五種語言排行」。「list25.com」是專門收集網絡上比較罕為人知的有趣訊息網站。由於此統計並非只參考該語言的使用人數，因而可能和一般公認的排行不同，譬如使用人數較少的義大利語排行，比使用人數較多的孟加拉語要高。

排行的必要條件不但考慮到使用人數，也考慮到在國際經濟和貿易的影響力，並顧及通用語（指任何在母語人群之外廣泛傳播的語言）的使用狀況。「通用語」亦稱「通商語」。

以下是排行名次。

25朝鮮語

估計在全世界約有七千五百萬使用者，朝鮮半島的使用者占其中七千一百萬人。朝鮮半島以外的朝鮮語使用者，除了中華人民共和國，另有住在舊蘇聯，特別是薩哈林州、烏茲別克、哈薩克的朝鮮民族集團。

就歷史性來看，朝鮮語與日語、越南語同樣受到漢語和漢字文化的影響，但現在主要都用朝鮮文字記載。

24廣東話

廣東話的使用者以中國南部的廣東省、廣西壯族自治區、香港、澳門為主。推定使用人口是八千萬人。住在各國的一部分華僑和華人以及新加坡也有不少使用者，是歐美和大洋洲的華人社會主要方言。

23泰語

泰語使用者約五千萬。廣義指在泰國境內被使用的所有泰語系語言，例如北泰語和泰國北部的伊善地區語等，並包括寮國語等泰國國外的泰國系諸民族使用的泰語系語言。

在泰國、寮國國內，也有很多擅長說泰語的華人與少數民族。

22旁遮普語

旁遮普為橫跨印度和巴基斯坦的大面積地區，具有悠久的歷史和文化，主要民族為旁遮普人，主要語言為旁遮普語，母語使用者約六千一百萬人，亦是印度旁遮普州的官方語言及德里的第二官方語言。

21爪哇語

爪哇語是印尼爪哇島中部至東部使用的語言。爪哇語雖然不是任何國家的官方語言，但在南島語系族中，以爪哇語為母語的使用者確實最多。

所謂南島語系，指南島民族所使用的語言，主要分布在島嶼上，約有一千三百種語言。臺灣也包括在內，據說臺灣是南島語系的源頭。

以爪哇語為母語的使用者大約八千萬人。印尼總人口的百分之四十五都是爪哇語的使用者，其他是住在爪哇語主導的地域。

20波蘭語

全世界的斯拉夫語派中，波蘭語是繼俄語之後廣泛被使用的語言。斯拉夫語族是印歐語系的一個語族。

以波蘭語為母語的使用者，光是住在波蘭的便有三千八百萬人。若包括移居至全世界的波蘭語使用者，可能會增至五千萬人。

19越南語

越南語是占越南總人口百分之八十六的京族人母語。京族是越南的主體民族，亦稱越族，是狹義上的越南人。

越南的少數民族之間也將越南語當作官方語言，其他如中國和臺灣等周邊諸國的京族，美國、法國等越南系移民也使用越南語。母語使用者約七千萬人。

18土耳其語

在突厥語族（或譯土耳其語族）中，土耳其語是使用者最多的語言。突厥語族是阿爾泰語系中最大一個分支，可以細分為四十種語言。

土耳其語是擁有七千二百萬人口的土耳其共和國官方語言，此外，保加利亞約七十五萬人，希臘約十五萬人，塞浦路斯約二十五萬人。

其他在德國等西歐的土耳其系移民社會（二百萬人以上）中，土耳其語亦是主要語言。不過，在當地出生的年輕人，大部分都不會說土耳其語了。

17孟加拉語

孟加拉語的使用者約兩億，是全世界排行第七的日常會話語言。使用者以孟加拉國及印度的西孟加拉州周邊為主。

雖然使用者很多，卻因使用地域範圍非常窄，被列為第十七名。

16南非語

南非語是南非的官方語言之一，在歐洲系語言中是最新的語言，在語言分類上屬於印歐語系的日爾曼語族。

以南非語為第一語言的人，雖然只有六百萬人，但有一千萬人將南非語當作第二語言。往昔是荷蘭語方言，後來在舊白人政權下成為官方語言，是自荷蘭語獨立的語言。

除了南非，納米比亞共和國約百分之六十的白人也使用南非語，其他如波札那共和國，賴索托王國，史瓦濟蘭王國，辛巴威共和國，尚比亞共和國等都有使用者。

15 義大利語

約有六千多萬人以義大利語為日常生活語言，大部分都住在義大利。母語使用者約六千一百萬人。

雖然使用者數名次是全球排行第十九名，但在瑞士、克羅埃西亞、斯洛維尼亞等地也有少數的義大利語使用者居民。而且在歌劇和古典音樂、時尚等領域，義大利語始終占很大地位。

14 坦米爾語

坦米爾語是南印度坦米爾人的語言。在印度，是坦米爾納德邦的官方語言，在斯里蘭卡和新加坡也是官方語言之一。

全世界約有七千四百萬使用者，排行第十八。

13 斯瓦希里語

斯瓦希里語屬於班圖語族，是非洲語言使用人數最多的語言之一，約有五千五百萬人，和阿拉伯語及豪薩語並列非洲三大語言。是肯亞、坦尚尼亞、烏干達的官方語言。

目前在東非有數千萬人將斯瓦希里語當作第二語言，成為不同母語民族之間的通用語言。

12波斯語

以伊朗為中心，在中東地區被使用的語言。主要使用國家為伊朗、塔吉克、阿富汗、喬治亞及印度一部分和巴基斯坦一部分，母語使用者超過四千六百萬人。在伊朗是官方語言。

11馬來語

主要被使用於馬來西亞以及馬來西亞周邊的鄰國，使用者約二千五百萬人。但在馬來西亞、新加坡、汶萊、印尼和東帝汶等東南亞整個地區，都被當作工作語言廣泛使用。

10 印度斯坦語

又稱印地—烏爾都語，是語言學家對印度次大陸印地語和烏爾都語等語言的統稱，這些語言語法基本相同、有共同的基本詞彙。但兩者使用的文字不同，前者使用天城文，後者使用波斯—阿拉伯字母。

母語使用者約五億四千萬人，使用者數名次是全世界第二。是南亞地區的通用語言，亦是斐濟的官方語言之一。

印度斯坦語隨著印度巴基斯坦系移民向海外發展，在全世界擴散。根據移民紮根的地方，一面受到周邊語言的影響，一面完成獨自的變化。

9 日語

使用者約一億三千萬人，使用者數名次排在全世界第九。但使用者大部分住在日本，對外國人來說，是一種相當難解的語言。

不過，日本是世界第二位發達國家，無論在國際經濟上，或在國際商務和國際貿易的世界，日語的影響力均很大。

8德語

使用者約一億三千萬人，其中約一億人將德語當作第一語言。在歐盟中，母語人口最多，使用者數僅次於英語。

只是，由於德國、奧地利的殖民政策主要在歐洲進行，因此無法像英語、法語、西班牙語那般地全球化。基本上以同一民族的母語地區和鄰接該地的舊支配民族使用地區占大部分。

7葡萄牙語

葡萄牙及巴西的葡萄牙語使用人口約二億五千萬人。葡萄牙人口約一千萬人左右，但擁有二億人口的巴西將葡萄牙語定為官方語言，因此使用人口很多。

二億五千萬人中，有八成在巴西國內，其餘五千萬人，分布在葡萄牙及葡萄牙的舊殖民地。就使用者數來說，居全世界第七或第八。葡萄牙語是橫跨複數個大陸的語言。

6 俄語

俄語在歐洲是母語使用者（約一億八千萬人）最多的語言，母語使用者數在全世界排第八，若包括當作第二語言的使用者數，則排行第四。

俄語在東歐和中亞都可以通用。只是，即便聽得懂俄語的人很多，現在使用俄語的人數正在減低。

5中文（官方語言）

一般認為以中文為母語的人約有十二億人，當作第二語言的約有二億人，是全世界最多人使用的語言。根據《金氏世界紀錄大全》，中文是「全世界現存最古老的語言」。

中文雖然擁有全世界最多的使用者，卻因為中文使用地域被限定在中華人民共和國、臺灣、新加坡等，比起其他先進國家，這些國家在國際經濟上的影響力較差，因此排在第五名。

不過，隨著近幾年的中國經濟成長，今後，中文對世界的影響力可能也會與日俱增。

4阿拉伯語

阿拉伯語是全世界第三大語言，在眾多國家與地域被使用，以阿拉伯半島及其周邊、撒哈拉沙漠以北的非洲北部地區為中心，是二十七個國家（包含非獨立地區）的官方語言。在聯合國的官方語言中，亦是後來被追加的唯一語言。

母語使用者約二億三千五百萬人。阿拉伯語是伊斯蘭教的語言，也是最普遍的國際語言之一。

此外，依國家和地域之別，阿拉伯語有不同的方言，一般認為很難統計實際使用阿拉伯語的人數。

3西班牙語

全世界約有四億二千萬人在日常生活中使用西班牙語，是拉丁美洲地區的國際通用語言。

以西班牙語為官方語言的國家和地域有二十多個，在全世界是次於英語、法語、阿拉伯語，被多數國家使用的語言。

網路使用總人口中，約百分之八是西班牙語，是次於英語和中文的第三大網路語言。作為通用語使用的國家有二十個，作為第二語言使用的人則分布於全世界。

2法語

法語在全世界中是僅次於英語（約八十個國家和地域）的第二大語言，除了法國、瑞士、比利時，往昔曾經是法國和比利時地區的各國也以法語為官方語言，總計二十九個國家。是世界第二通用語言，亦是聯合國、歐盟的通用語言之一。

母語使用者約七千二百萬人，總使用者則高達一億二千九百萬人。

1英語

不用說，英語是全世界最具影響力的語言。官方語言使用人口也是全世界第一。不過，把英語當作母語的人，僅占全世界人口的百分之四點六八，比起第一名的中文（百分之十三以上），母語人口相當少。

由於英國、美國的影響，英語成為國際共通語言，也是全球性的商業語言，亦是科學技術方面的主要語言，因此，將英語當作第二語言的使用者高達四億人。

國家圖書館出版品預行編目資料

漢字日本：日本人說的和你想的不一樣，學習不勉強的日文漢字豆知識／茂呂美耶作. -- 初版. -- 臺北市：麥田出版：家庭傳媒城邦分公司發行, 民103.04
面；　公分. -- (miya ; 7)
ISBN 978-986-344-080-2（平裝）
1. 文化　2. 日語　3. 日本
731.3　　103004736

miya　007

漢字日本：

日本人說的和你想的不一樣，學習不勉強的日文漢字豆知識

作　　者／茂呂美耶
選 書 人／林秀梅
責任編輯／林怡君

副總編輯／林秀梅
編輯總監／劉麗真
總 經 理／陳逸瑛
發 行 人／凃玉雲
出　　版／麥田出版
城邦文化事業股份有限公司
台北市100台北市中山區民生東路二段141號5樓
電話：(02) 25007696　傳真：(02) 25001966
部落格：http://blog.pixnet.net/ryefield
發　　行／英屬蓋曼群島商家庭傳媒股份有限公司城邦分公司
台北市民生東路二段141號11樓
書虫客服服務專線：02-25007718．02-25007719
24小時傳真服務：02-25001990．02-25001991
服務時間：週一至週五09:30-12:00．13:30-17:00
郵撥帳號：19863813　戶名：書虫股份有限公司
讀者服務信箱E-mail：service@readingclub.com.tw
歡迎光臨城邦讀書花園 網址：www.cite.com.tw
香港發行所／城邦（香港）出版集團有限公司
香港灣仔駱克道193號東超商業中心1樓
電話：(852) 25086231　傳真：(852) 25789337
E-mail：hkcite@biznetvigator.com
馬新發行所／城邦（馬新）出版集團【Cite(M)Sdn. Bhd.(458372U)】
11, Jalan 30D/146, Desa Tasik,
Sungai Besi, 57000 Kuala Lumpur, Malaysia.
電話：(603) 90563833　傳真：(603) 90562833

封面設計／江孟達工作室
印　　刷／沐春行銷創意有限公司

■2014年（民103）4月初版一刷
■2019年（民108）9月初版十四刷
Printed in Taiwan.

定價：320元

ISBN 978-986-344-080-2